2011

人民美术出版社

图书在版编目（CIP）数据

辛卯贺岁 / 人民美术出版社编著． —北京：人民美术出版社，2010.12
ISBN 978-7-102-05345-5

Ⅰ．①辛… Ⅱ．①人… Ⅲ．①十二生肖－通俗读物 Ⅳ．① K892.21-49

中国版本图书馆 CIP 数据核字(2010)第 218141 号

辛 卯 贺 岁

编辑出版　人民美術出版社
（北京北总布胡同 32 号　100735）
www.renmei.com.cn

责任编辑	李红星
封面设计	胡建斌
版式设计	李红星
封面题字	刘大为
审　　校	黄　薇
责任印制	赵　丹
制版印刷	北京燕泰美术制版印刷有限责任公司
总 经 销	人民美术出版社发行部

版　次　2010 年 12 月第 1 版　第 1 次印刷
开　本　787 毫米 × 1092 毫米　1/16　印张 15.75
印　数　0001—2000 册
ISBN 978-7-102-05345-5
定　价　198.00 元

兔儿爷乘麒麟 泥塑 北京

兔儿爷据考来自《封神演义》文王"吐子"奔月的故事。各地的兔儿爷的形象也不尽相同,此图中兔儿爷如太师般稳坐麒麟之上,顶盔贯甲,威武异常,形象十分可爱。

卯兔　中国画　近现代　齐白石

目 录

兔的习俗

十二生肖年表 ·· 2
红袍金甲兔儿爷／薄松年 ···························· 4
月圆兔美 兴福降祉／薄松年 ······················ 6
兔生肖／王 迅 ···································· 8
元霄节拉兔灯 ······································ 16
卯兔本命神 ·· 18

卯兔日尝新／吴裕成 ································ 26
祭祀用兔／王 迅 ·································· 30
望月而孕的讹传／吴裕成 ···························· 34
中秋祭月 ·· 38
蛇盘兔，必定富 ····································· 46
兔的迷信与禁忌／王 迅 ····························· 52

兔儿爷 ·· 56

卯年话兔

卯年话兔／刘孝存 ··································· 64
兔年生肖邮票 ······································· 72
玉兔为月／吴裕成 ··································· 76
说文解兔／日 高 ··································· 90
玉兔回眸 歌舞吉祥／孙杰好 ······················· 96

嫦娥奔月／紫辰编写 楼家本绘 …………………………………… 104
兔的故事 ………………………………………………………… 114
"兔"景名胜 ……………………………………………………… 118
兔的起源与驯化／居龙和 ……………………………………… 120
兔的世界 ………………………………………………………… 126

玉兔为月

兔的绘画 ………………………………………………………… 132
兔的雕塑 ………………………………………………………… 150
兔的篆刻 ………………………………………………………… 160
兔的年画 ………………………………………………………… 162
兔的剪纸 ………………………………………………………… 166
兔的摄影 ………………………………………………………… 174
兔的玩具 ………………………………………………………… 178

兔的票证、火花 ………………………………………………… 180
兔的卡片 ………………………………………………………… 184
兔的古代纹饰 …………………………………………………… 188
兔的卡通 ………………………………………………………… 194
兔的图案 ………………………………………………………… 200

附 记

20世纪卯年大事记 ……………………………………………… 204
卯年记事 ………………………………………………………… 222
卯年出生的中外名人 …………………………………………… 228

兔的习俗

十二生肖年表

子鼠		中国夏历戊子年　公元1948年02月10日——1949年01月28日 中国夏历庚子年　公元1960年01月28日——1961年02月14日 中国夏历壬子年　公元1972年02月15日——1973年02月02日 中国夏历甲子年　公元1984年02月02日——1985年02月19日 中国夏历丙子年　公元1996年02月19日——1997年02月06日
丑牛		中国夏历己丑年　公元1949年01月29日——1950年02月16日 中国夏历辛丑年　公元1961年02月15日——1962年02月04日 中国夏历癸丑年　公元1973年02月03日——1974年01月22日 中国夏历乙丑年　公元1985年02月20日——1986年02月08日 中国夏历丁丑年　公元1997年02月07日——1998年01月27日
寅虎		中国夏历庚寅年　公元1950年02月17日——1951年02月05日 中国夏历壬寅年　公元1962年02月05日——1963年01月24日 中国夏历甲寅年　公元1974年01月23日——1975年02月10日 中国夏历丙寅年　公元1986年02月09日——1987年01月28日 中国夏历戊寅年　公元1998年01月28日——1999年02月15日
卯兔		中国夏历辛卯年　公元1951年02月06日——1952年01月26日 中国夏历癸卯年　公元1963年01月25日——1964年02月12日 中国夏历乙卯年　公元1975年02月11日——1976年01月30日 中国夏历丁卯年　公元1987年01月29日——1988年02月16日 中国夏历己卯年　公元1999年02月16日——2000年02月04日
辰龙		中国夏历壬辰年　公元1952年01月27日——1953年02月13日 中国夏历甲辰年　公元1964年02月13日——1965年02月01日 中国夏历丙辰年　公元1976年01月31日——1977年02月17日 中国夏历戊辰年　公元1988年02月17日——1989年02月05日 中国夏历庚辰年　公元2000年02月05日——2001年01月23日
巳蛇		中国夏历癸巳年　公元1953年02月14日——1954年02月02日 中国夏历乙巳年　公元1965年02月02日——1966年01月20日 中国夏历丁巳年　公元1977年02月18日——1978年02月06日 中国夏历己巳年　公元1989年02月06日——1990年01月26日 中国夏历辛巳年　公元2001年01月24日——2002年02月11日

十二生肖年表

中国夏历壬午年　公元1942年02月15日——1943年02月04日 中国夏历甲午年　公元1954年02月03日——1955年01月23日 中国夏历丙午年　公元1966年01月21日——1967年02月08日 中国夏历戊午年　公元1978年02月07日——1979年01月27日 中国夏历庚午年　公元1990年01月27日——1991年02月14日		午马
中国夏历癸未年　公元1943年02月05日——1944年01月24日 中国夏历乙未年　公元1955年01月24日——1956年02月11日 中国夏历丁未年　公元1967年02月09日——1968年01月29日 中国夏历己未年　公元1979年01月28日——1980年02月15日 中国夏历辛未年　公元1991年02月15日——1992年02月03日		未羊
中国夏历甲申年　公元1944年01月25日——1945年02月12日 中国夏历丙申年　公元1956年02月12日——1957年01月30日 中国夏历戊申年　公元1968年01月30日——1969年02月16日 中国夏历庚申年　公元1980年02月16日——1981年02月04日 中国夏历壬申年　公元1992年02月04日——1993年01月22日		申猴
中国夏历乙酉年　公元1945年02月13日——1946年02月01日 中国夏历丁酉年　公元1957年01月31日——1958年02月17日 中国夏历己酉年　公元1969年02月17日——1970年02月05日 中国夏历辛酉年　公元1981年02月05日——1982年01月24日 中国夏历癸酉年　公元1993年01月23日——1994年02月09日		酉鸡
中国夏历丙戌年　公元1946年02月02日——1947年02月20日 中国夏历戊戌年　公元1958年02月18日——1959年02月07日 中国夏历庚戌年　公元1970年02月06日——1971年01月26日 中国夏历壬戌年　公元1982年01月25日——1983年02月12日 中国夏历甲戌年　公元1994年02月10日——1995年01月30日		戌狗
中国夏历丁亥年　公元1947年02月21日——1948年02月09日 中国夏历己亥年　公元1959年02月08日——1960年01月27日 中国夏历辛亥年　公元1971年01月27日——1972年02月14日 中国夏历癸亥年　公元1983年02月13日——1984年02月01日 中国夏历乙亥年　公元1995年01月31日——1996年02月18日		亥猪

红袍金甲兔儿爷

薄松年

中国传统节日的风俗活动，大多充满着喜庆欢乐的浪漫色彩。中秋节是传统的团圆节，时在秋粮上场，果品飘香之际，金风送爽，举家团聚，人月两圆，庆祝活动之隆重仅次于春节，自然少不了种种民间艺术品的点缀。中秋节流行的艺术品多与月亮的神话传说有关，如雕刻着广寒宫的月饼模，供祭祀的月光神码，特别是北京地区节玩具泥兔儿爷，更是惹人喜爱。昔日的北京，刚进旧历八月街上就陆续出现卖泥兔儿爷的货摊。那些诸般样式、大大小小的彩色泥兔，在货架上摆成小山，花团锦簇，煞是好看，与那些摆列着白里透红的蜜桃鹅黄的鸭梨、珠玉般的葡萄、青绿柿子、切成莲花瓣状的沙瓤西瓜的水果摊交错在一起，真是五光十色，别是一番景象。"瞥眼忽惊佳节近，满城争摆兔儿山"（清·杨静亭《都门杂咏》）。泥兔儿爷成为旧北京过中秋节的标帜之一，给人增添了欢乐的节日气息。

玉兔作为月亮的象征，在民间有一个形成和演变的过程。关于月亮的最古神话是嫦娥奔月后化蟾蜍，但在湖南长沙马王堆出土的西汉帛画和河南等地东汉画像石上刻画的月亮，已出现蟾蜍和玉兔两种形象。汉代刘向《五经通义》（《太平御览》引）中提到"月中有兔与蟾蜍何"，晋代傅咸《拟天问》（《艺文类聚》引）则明确写出"月中何有？白兔捣药，兴福降祉"。及至唐代，有的铜镜上铸有月宫图案，在桂树两侧安排了嫦娥舒袖起舞和白兔捣药、蟾蜍跳跃的形象。据闻一多先生推断，可能是兔与蜍同音，因而一名析为二物，乃由蟾蜍化出蟾兔。兔的形象洁美温顺，远比蟾蜍受人欢迎，捣仙药又具有长生不老神话色彩。后世，玉兔逐渐代蟾蜍而单独存在，明清的月光神码及月饼模皆已如此。如明代陆启泓《北京岁华记》中描述：北京"中秋夜人家各置月宫符像，符卜一兔如人立，陈瓜果于庭，面绘月中蟾兔"。这种式样一直保持到近代神码和月饼花纹之中。北京的泥兔儿爷出现较晚，形象塑造上明显受到民间传说和月光神码的影响。

据说泥兔儿爷的制作在早期较为简单，大概只是如月光神码中的白兔，站立，两前爪合抱如捧杵捣药状。见于文献的最早记载，当为清代乾隆时写成的《帝京岁时纪胜》，"京师以黄沙土作白玉兔，饰以五彩妆颜，千奇百状，集聚于天街月下，市而易之。"再对照晚清时的《燕京岁时记》中的描述，又可知它在不断丰富和发展："每届中秋，市人之巧者用黄泥抟成蟾兔之像以出售，谓之兔儿爷。有衣冠而张盖者，有甲胄而带击旗者，有骑虎者，有默坐者。大者三尺，小者尺余。其余匠艺工人无美不备，盖亦谑而虐矣。"兔儿爷虽然位列仙班，但并不像月光神码中的太阴星君那样作为礼拜崇敬的对象，因此只是作为玩偶和摆设，制作时匠人可以随心所欲，自由发挥。据说对它作出重要革新的是光绪年间看守太庙的两个旗籍差役，他们在闲暇时用胶泥仿照戏曲中的穿着扮相，塑制成顶盔披甲外罩锦袍的兔儿爷，背后还饰以伞盖纛旗，其坐骑则有狮、虎、象、梅鹿、麒麟等瑞兽，还有的端坐在莲花或牡丹宝座上，神态安详庄重，俨然是一副将帅气气度，然而三瓣交叉的兔嘴，朝天竖起的兔耳，又使人感到诙谐有趣，这人物化了的兔形，还多少带有一些讽刺意味，体现了北京民间艺人丰富的想象力和乐观幽默的性格。

红袍金甲兔儿爷

兔儿爷　泥塑

　　民间的卓绝创造，也引起上层社会的兴趣，适应贵族们的需要，出现了贴金彩绘高档细活的兔儿爷。如《清稗类钞》中所记："京师以泥塑兔神，兔面人身，面贴金泥，身饰彩绘，巨者高三四尺，值近万钱。贵家巨室，多购归，以香花饼果供养之，禁中亦然。"故宫博物院所藏的泥兔儿爷，并非由宫廷造办处制作，而是从市面采买进的。它是地道的北京民间美术品，为我们研究清末民俗和民间美术提供了形象资料。牡丹花座兔儿爷，外罩红锦袍，内披金甲，兔脸白里透亮，明洁可爱，缠枝牡丹（富贵花）组成宝座，增添了吉庆色彩。看造型，生动饱满，其构思，巧妙新奇；讲做工，精细考究；论色彩，鲜明强烈。锁子甲叶片的精雕细镂，海水江牙锦袍的勾金彩绘，显示了雕工、画工的精湛技艺。另一骑鹿兔儿爷系取禄位高升之意。它们都具有鲜明的北京地方色彩，在它们背后还应插有旗或伞，现已失落。

　　民间的泥兔爷，形形色色，花样翻新，细活固然精美，但民间多数人享用的粗活中，也有不少情趣盎然的绝妙创造，其中有正襟危坐的"刮打嘴兔爷"，面部安装着活动的下巴，系之以线，从空膛兔腹中引出体外，以手扯动，嘴巴随之开合，如念经状。除兔儿爷外还有女性的兔儿奶奶，又有的演化成滑稽的猪八戒形象。更有的借题发挥，描摹社会人情世态，将泥兔儿爷塑成听书顾曲的，提笼架鸟的，品茶聊天的，携儿带女的，鼓吹迎亲的……服装则随时代而变化，奇思巧构，观之令人忍俊不禁。这种泥塑似乎难登贵族士大夫的大雅之堂，更不合宫苑禁中的收集标准，主要供一般市民和儿童欣赏娱乐，故多在街头及庙会上设摊售卖。20世纪50年代初，还可在老东安市场的特艺店中偶尔见到，随着社会风俗的转移变迁，今天则已无从寻觅了。

月圆兔美　兴福降祉

薄松年

兔是体型较小性格柔顺而又行动迅捷的动物，野兔是狩猎的物件，家兔则形象美观惹人喜爱，兔肉可食，兔皮可用，他虽算不上是重要牲畜，但在人们的生活中仍占有一席之地。

兔在古代人的心目中颇不平常，曾被视为祥瑞的吉祥物，认为"赤兔者瑞兽，王者盛德则至"（《瑞应图》），"白兔，王者敬耆老则见"，晋葛洪《抱朴子》中又有"兔寿千年"之说，汉代墓室壁画和画像石中就有以兔形作为祥瑞的图像。

在神话传说和古老的民俗中，兔曾是神仙的助手。相传住在远方昆仑山上的西王母，是一位掌握不死之药的女仙，汉代人好神仙之术，又希冀长生，对西王母信仰尤笃。西王母有三个动物助手，三足鸟为她寻找琼浆玉液，九尾狐受其驱使，玉兔则终年不息地为其捣制不死之药，汉代画像砖石的西王母形象和画面中，大都伴随着这三种动物，特别是玉兔的形象总是在西王母身边出现，扮演着重要角色。

民间传说中最流行的是把兔作为月亮的象征，这又涉及到嫦娥奔月的神话。相传远古时期曾有十个太阳一同在天空出现，江河涸干，草木枯萎，人民苦不堪言。英雄后羿射下九只太阳为民造福，又在西王母处求得不死之药，却被其妻嫦娥偷食，但她因此而飞升到月亮中化为蟾蜍，大约是由于蟾蜍形象不美，又因蜍与兔同音，所以转变为玉兔。湖南长沙马王堆出土的西汉帛画中月亮上画有蟾蜍和兔两的铜镜有的巧妙的利用月宫图作为装饰，曾见两件月宫镜背面图像花纹拓片，一件仅在圆形镜背中心装饰桂花树下有一站立之玉

兔　剪纸　山东　顾晓梅

兔持杵捣药，特别突出长耳短尾的特征，画面简洁而生动醒目；另一件将桂树置于镜背中心，一侧有蟾蜍，更为突出的是一位美丽的女仙凌空飞舞，当是嫦娥的形象，另一侧为玉兔捣药，其身材几与嫦娥等高，在画面上占有重要的地位。

中国中秋节是团圆的节日，有拜月祭月的风俗，庭院中设香案和月宫符，月宫符为木版刻印，其上有月中广寒宫和嫦娥及玉兔的画像，应节食用的月饼上也有玉兔的图案，最有趣的是市场上节日出售的民间泥玩具兔儿爷，拜月时陈列于庭院香案上，节后成为陈设或儿童玩物，以北京所制者最为精致。清代乾隆年间成书的《帝京岁时纪胜》中记："京师以黄沙土作白玉兔，饰以五彩妆颜，千奇百状，聚集于天街月下市而易之。"但后来不断花样翻新，演变成披甲将军半人半兔的形象。他内穿铠甲外罩锦袍，背插靠旗，有的骑仙兽（虎、象、鹿之类），有的端坐莲花座，手持捣药之杵，大者高有二尺，小者才仅数寸，威武凛凛而又显得滑稽可笑，从中体现了民间艺人丰富的想象力和乐观幽默的性格。

兔在民间作为吉祥物的另一表现是在山陕地区流行的蛇盘兔图样。当地民众认为男女婚嫁，以属蛇的男性和属兔的女性相配为佳。蛇爬行灵活蜿蜒机智，精于聚财，兔和顺善于守财，因而有"蛇盘兔，必定富"之说。民间剪纸中蛇与兔互相盘绕，民间剪纸中蛇与兔互相盘绕，有的外轮廓剪成团圆之状，含蓄地寓示两性的结合，象征和谐美好的姻缘。与之相类的还有"鹰抓兔"，雄鹰代表男性的阳刚，兔则象征女性的阴柔，阴阳相调，和顺完美，这些剪纸贴在新婚喜房的窗上，包含了对婚姻美满幸福和生命繁衍的祝福。

在有的地区还把白兔作为平安幸福富足的吉祥形象。剪纸窗花中的兔形全身都缀满花朵，有的成对成双，刺绣花样上也有兔的可爱形象，瓷枕上的玉兔用简练的几笔即刻画出兔的驯顺。山东沿海的渔民在谷雨节渔汛到来之际，正是出海捕鱼的最好时机，心灵手巧的渔妇，常常在谷雨节前一天蒸个白兔形象的面馍，待丈夫谷雨当天清晨一进屋就塞在他怀里，当地人认为"打个兔子腰别住"，即以白兔可以保佑丈夫出海平安，捕鱼丰盛，因此以白兔面馍作为平安幸福的吉祥物得到人们的喜爱。

月圆兔美　兴福降祉

兔　剪纸　山东　顾晓梅

兔生肖

王迅

兔玉奔月喜庆吉祥　石雕　北京白云观

包括兔生肖在内的十二生肖出现在古代文献中的时间，与神话中兔居月宫的年代差不多，这些现象标志着兔在人们心目中的地位比以前有了提高。兔生肖出现以后，又对人们的物质生活、思想观念、文学艺术、风俗习惯等方面有着长期的影响。

兔生肖的出现

十二生肖在民间俗称"十二属相"，起源于我国先秦时期。

1975年12月，在湖北云梦县睡虎地11号秦墓中发现了一批秦代竹简，其中一部利用五行说进行卜问的《日书》，比较完整地记录了十二生肖：

子，鼠也，盗者兑口希须，善弄，手黑色，面有黑色，疵在耳。丑，牛也，盗者大鼻长颈，大辟臑而偻。寅，虎也，盗者状，希须，面有黑焉。卯，兔也，盗者大面头。辰，盗者男子，青赤色。巳，虫也，盗者长而黑，蛇目。午，鹿也，盗者长颈小胻，其身不全。未，马也，盗者长须耳。申，環也，盗者圆面。酉，水也，盗者……

这段记载除了辰之后的龙被遗漏之外，地支均与一种动物相配，而且大部分和今天的生肖一致。

东汉王充在《论衡·物势篇》、《论衡·言毒篇》中记载的十二地支与十二种动物的关系，与现在的十二生肖完全一致。

北朝时期的人们，已经将人的属相用相应的动物表示。《周书·宇文护传》："生汝兄弟，大者属鼠，次者属兔，汝身属蛇。"

先秦时期的文献中还没有完整的十二生肖或十二辰的记载，不过，周代文献中已经有了丑与牛、寅与虎、辰与龙、巳与蛇、午与马的五支与五兽相配的证据，如：

《礼记·月令》："冬季之月……出土牛以送寒气。"郑注："作土牛者，丑为牛。"

《左传·襄公二十三年》："役人相命，各杀其长，遂杀庆虎、庆寅。"庆氏二卿之名字异义同，说明当时寅与虎相对应。

《诗经·小雅·吉日》："吉日庚午，既差我马。"注："午为马。"

《左传·僖公五年》："龙尾伏辰。"龙与辰相对应。

周代金文中"巳"为蛇的象形，说明巳与蛇相对应。

看来，十二生肖可能在春秋、战国时已经出现。但先秦时期的文献中缺乏卯与兔的对应证据，或许兔生肖是十二生肖中晚出的一种。

十二生肖最早的萌芽，大约在中国古史的

传说时代。《国语·晋语四》说：黄帝之子"为十二姓，姬、酉、祁、己、滕、葳、任、荀、僖、姞、儇、依是也"。其中"已"或"巳"为蛇，僖为龙，皆如闻一多所说。王引之说"荀"应作"荀"，也是对的。笔者认为"荀"即为"狗"，儇可能为"猿"。又，姬姓的周人以建子为岁首，重视十二辰中的子。酉姓则以十二辰中的酉为姓。这样看来，后来的十二辰中有一半可以与上述十二姓产生联系。十二姓在开始时应是黄帝后裔分成的十二个主要氏族，他们各自崇拜的图腾中，包含了后世十二生肖中的龙、蛇、猴、狗等，这可能就是十二生肖最初的萌芽了。

但是，我们在黄帝族的十二姓中，找不到兔或与兔相关的迹象。这与民族学材料显示的情况相似，如彝族有十二兽历法、十二兽纪日集市等，十二兽的种类与汉族十二生肖的动物一致，而动物图腾中有虎、龙、蛇、羊、猴、鸡、鼠、牛八种属于十二兽，没有发现以兔为图腾的资料。

看来，后世流行的十二生肖，可能不是同时出现的，而是经过了长时期的选择、变换，至汉代才定型为今天的十二生肖的。兔生肖的出现晚于龙、蛇、虎、狗等，原因是兔缺乏力量和勇猛，对农牧业生产都没有积极作用，在上古时期既不能令人畏惧，又不易受人崇拜，难以成为图腾或人的朋友。不过，兔在别的方面的价值终于被人们发现，至迟在秦代，它已经是十二辰之一，卯与兔联在了一起。秦简《日书》中说，盗贼的形象与当日的代表动物相像，已经把人与十二种动物相对应，或许当时的人都有了属相，其中就有兔，却没有狗。这样看来，至少在秦代，兔生肖的出现不是最晚，总比狗生肖要早，而且它的定位比马和羊要早（当时秦人以未与马对应，以戌与老羊对应）。

兔为什么能入选十二生肖

生肖动物必须是人们所熟悉的。牛、马、羊、鸡、狗、猪是早就被驯养的六畜；虎、蛇、猴是活动范围较广的野生动物；龙是以蛇为主干的神话中的动物，蛇的生存空间广大是龙被人们认可的基础。

野兔的天地也很广阔，它们浪迹于平畴沃野、深山丛林、茫茫草原、荒漠沙丘。地无分

寿桃形十二生肖兔　剪纸　山东高密

古钱形十二生肖兔　剪纸　山东高密

人身十二生肖兔
剪纸　山东高密

生肖兔
剪纸　山东牟平

南北东西，都有野兔的踪影。兔的繁殖力强、数量多，比虎、猴等野生动物更常见，所以，兔入选十二生肖有着广泛的"群众基础"。

兔的习性特征使人们把这种动物作为善良、和平的象征，这就容易得到很多人的好感。兔又有美好的形象、活泼的表现，更让人喜欢。

入选十二生肖的动物或受人敬畏，或受人喜欢，唯有鼠是个例外。兔子属于受人喜欢的一类。

兔子疾速的奔跑，曾引起古人的羡慕。这也是兔子入选十二生肖的有利条件。

汉族关于十二生肖的民间传说大致有两种，一种是轩辕黄帝排定十二生肖，一种是玉皇大帝排定十二生肖。前一种传说较为古老，在这种传说中，兔子能成为十二生肖中的第四位，全凭它的速度。

这个故事说，在远古时，并没有生肖，轩辕黄帝为了给人们排定生肖，召集各种动物比赛，采取优胜劣汰的办法，选拔十二生肖。猫因为老鼠从中作梗（或忘记为其报名）未能入选。象被老鼠钻进鼻孔，逃之夭夭……在正式比赛中，牛超水平发挥，跑在第一位。不料老鼠早已跳到牛背上，接近终点，猛然向前冲去，名列第一。猪在中间起哄，被罚判最后一位。龙虎两位不服，黄帝把它们分别封为海中之王和山中之王。兔又对龙不服，兔龙赛跑，兔子获胜，于是排在了龙的前面。狗又不服兔子，咬了兔子一口，严重犯规，被罚在倒数第二位。其余动物，也在比赛中确定了名次，于是有了后来这样有序的十二生肖。

十二生肖除了龙之外，兔的确是跑得最快的动物。自然界中那些比兔子跑得更快的动物都是不常见且不为人们熟知的，所以也不可能成为生肖。

传说中，兔与龙比赛而兔胜于龙的结局，反映了古人的一种观念，他们认为龙虽然能上天入地，纵横四海，却在速度上仍逊兔子一筹。早在夏代，人们就把飞兔凌驾于飞腾的龙蛇之上，这说明兔与龙的较量在古人的心中早就被判定了胜负。龙负于兔，带有一种宿命的味道。

兔子从地下宫殿升入天上宫阙，成为明月的象征，使兔的身价陡然升值，似乎是兔在夜里为人们点燃了普照天下的辉辉银烛。这样一种原本极平凡，在神话中却极神奇的可爱的小动物，当然有资格成为十二生肖中的一员了。

我们注意到，能够证明兔已成为十二生肖之一的文献出现于秦代，而最早的兔居月宫的观念，是战国至西汉初年产生的，这就表明，二者的出现应该有一定关联，可能是由于兔居月宫的传说，增加了兔入选十二生肖的资本，也可能是因为兔是月亮的象征而加强了兔生肖的地位。

月中玉兔捣药的传说，引起了人们对玉兔更浓厚的兴趣。后来，人们不仅相传玉兔捣的是长生药，而且有了捣药的玉兔长生不死的说法。在人们的想象中，捣不死之药的兔总有尝灵药的机会，结果就是长生。生肖在每一个人出生后就确定了，并且与人相伴终生，如果一个人属兔，便与这位长生的兔相伴，是不是可能得到自己生肖的长寿之道呢？这在古时的民众中有不同的想法，可能有相当一部分人相信兔这种生肖会给属兔的人带来长寿，于是兔就成了很受欢迎的生肖。唐代诗人杜甫写过"入

月宫玉兔镜

河蟾不灭，捣药兔长生"的诗句，反映了当时社会上流行着月中玉兔长生的说法。月中蟾蜍虽然也被传为不灭不死，但它的形象太丑了。兔与蟾蜍相比，占有极大的优势：不仅象征明亮圆满的月，寄托着人们长寿的愿望，代表着善良、和平、敏捷、机警和高速度，还有美好的形象。这样，兔子显然比蟾蜍以及其他传说中与长寿有关的动物更有资格成为十二生肖之一。

兔子旺盛的繁殖能力应该是其入选十二生肖的另一个有利条件。入选十二生肖的动物各有自己的实力，实力的表现有所不同。兔与鼠、蛇的生殖能力在上古时期就为人们所羡慕；这是它们成为生肖的一个原因。兔又具备了鼠和蛇所没有的许多长处，有别的生肖所没有的特长，这样就确立了兔在生肖中比较坚实的地位。

兔子也有一些不尽如人意之处：野兔不能对人有直接的帮助，在这一点上不及家畜。兔给人以狡猾的印象，胆小、无力、豁唇等也被人视为缺点和缺陷。然而，没有哪一种动物称得上完美无缺，兔和别的生肖动物也不能例外。当人们看到兔子的种种象征意义多是积极的，也就不介意野兔并不能为人做实事了。

在中国，家兔的出现比较晚，因此在十二生肖产生、定型时，十二生肖中的兔是野兔，与后来出现的家兔相比，野兔与人的关系远了一点。但是，古代的人们很欣赏这由于距离产生的美，体现了人对兔——主要是野兔的喜爱和浓厚兴趣。

生肖虽排列有序，却没有高低之分。各个属相的人虽年龄有差，却也没有因属相而产生贵贱之别。兔虽是一种弱小的动物，兔生肖却可以和龙、虎、牛、马等生肖平等相处，轮流当值。当然，在人们的心目中，对各生肖动物的感情还是有差别的。龙和虎是比较受人喜欢的生肖，兔生肖受欢迎的程度在十二生肖中大致处于居中的地位。

兔生肖与其他生肖的关系

兔生肖与其他十一种生肖的关系都比较密切。

兔与鼠的形象很相似，生活习性也有接近之处，有的生物学家认为鼠兔同源，二者有着亲缘关系。有的兔子属于鼠兔科，这样的分类也反映了鼠兔相近的关系。我们曾经讨论过"飞兔"的传说，"飞兔"又称"飞鼠"，说明古人已经注意到二者的相似。兔生肖和鼠生肖之所以成为生肖，一个重要的原因是它们都有很强的生育能力。

兔与牛都是善良的化身，是人类的朋友。汉画像石中，有兔与牵着牛的牛郎同处于一个画面上的作品，看来人们早已在神话传说中为它们安排了共同的活动场所。旧时湖北南漳、长阳一带以农历八月十五为牛王生日，这一天要诵经，祈求耕牛健壮。诵经的时间在卯时，据说是因为卯属兔，"兔"与"透"谐音，经要诵透，才能如愿以偿。这一天又是中秋节，晚上是祭月的时间，在有些地区月中玉兔也受到供奉，这一天，是兔和牛共同的好日子。

十二生肖艺术丛书·卯兔

兔和虎是十二生肖中弱与强的两极，又是一后一前相伴相随的一对。屈原《天问》中的"而顾菟在腹"长期以来未能得到一致的解释，或以为菟即兔，月中有兔；或以为顾菟即於菟，是楚国方言"虎"，月中有虎。兔与虎差异甚大，在这里却界限模糊了。汉画像石中，常有虎、兔在同一场所的画面，兔的神态安详，不应是虎捕食的目标。在民间工艺品中，还有骑虎的兔儿爷，这真是一种大胆的创意。

在十二生肖中，兔在龙之前，这种安排与夏代的二里头文化中的飞兔在飞龙之上的陶器纹饰异曲同工。这种安排也见于汉画像石上。为什么人们认为兔与龙关系密切，并且希望兔能高龙一等、先龙一步呢？这又得谈谈兔与蛇的关系，因为龙的主干和基调是蛇，兔与龙的关系是由兔与蛇的关系演变而来的。

兔与蛇是善良与狠毒的两极。在传统观念中，二者都因穴居等习性，被认为属阴。它们都是南方、北方、东方、西方很常见的动物，相反的特征和相近的特征使人们把它们想象成互补型的伙伴。后来又产生了"蛇盘兔，必定富"、"葬地蛇盘兔"等迷信说法，把蛇与兔更紧密地联在了一起。

兔与马都善于奔跑，但野兔比马的速度要快几倍，有人对很多动物的奔跑速度进行测定，得到的结果是：马的最快速度是每小时24公里，而野兔的最快速度可达每小时56公里到72公里。野兔是人捕猎的目标，马可以在捕猎中为人骑乘、驾车，成为人利用的对象。人们知道这两种动物善跑的共性，也发现了二者速度的差距，便希望马能像兔一样疾速，于是有了以兔名马，在车上装饰兔形图案等做法。兔和马都善跑的共性，却产生了在捕猎中二者的对立地位；而二者速度的差异，却产生了兔与马的统一——出现了叫做"飞兔"、"赤兔"的快马。

兔与羊都是善良的食草动物，二者在一起时显得很和谐。瑶族民间故事"雅拉射月"讲英雄雅拉把一幅绣有白羊白兔的大锦射到了月亮上，大锦上的白羊白兔都出现在月亮上，而且活蹦乱跳。后来，雅拉也上了月亮，在月中草地上守护着可爱的白羊、白兔。

在青海省河湟地区，过去流行着一种生肖相生的迷信，说猪、兔、羊是一组"大相合"的生肖，这三种生肖的男女可以成为吉祥的婚配。也有的地方只说羊配兔是美满姻缘。

兔与猴是人们心目中的两种狡猾、机灵的动物，但在二者相争的故事里，兔子往往比猴更具备获胜的条件。郑振铎在《兔子的故事》里，写兔子先捉弄了人熊，人熊请自己的朋友猴子帮忙，向兔子报复。结果猴子设计把兔子灌醉，让人熊去报仇。不料兔子三言两语，就骗得人熊为它松绑，兔子不失时机，逃之夭夭。

兔和猴在中国神话传说和十二生肖中的地位，受到印度文化的影响。我们已经说过，兔寄明月，可能是受印度古代传说影响的结果。印度有崇拜神猴的风俗，居住在寺庙中的猴子吃着教徒们供奉的食品，逍遥自在。印度神话中的猴王哈努曼，是一位神通广大的神猴，有人认为他就是《西游记》中孙悟空的原型。兔与猴在中国本土有着相当深厚的基础，但由于印度传统文化的影响，地位可能得到了加强，平添了几许神气。

兔与鸡是天生的一对，从周代开始，人们就常常将雉兔并列。野鸡与野兔，是古人经常捕获到的猎物。见于古籍的，有西周昭王南征

虎与兔 中国画 现代 徐悲鸿

水晶三合生肖　现代

时"雉兔大震"所描绘的惊慌的野鸡和野兔，有唐代狄仁杰的表弟猎射的野鸡野兔等。

兔是月亮的象征，鸡是唤太阳升起的号手，二者分别与太阴、太阳有着不解之缘。

兔与月与水相联系，兔本不喜戏水，但月成为兔与水的媒介，月光如水，兔又为月魄，所以兔、月、水形成了一个三联环。鸡与日又与火相联系。《太平御览》引《春秋说解》："鸡为炽阳，南方之象，火阳精物炎上，故阳出鸡鸣，以类感也"。

然而，湖北云梦睡虎地出土的秦简上记有："酉，水也。"东汉王充《论衡》中说："酉，鸡也。"鸡又与水联在了一起。反之，日升东方卯位，卯为兔。这样一来，兔和鸡又颠倒了位置。本来卯为日出之象，而八卦中的"离"为火为日；酉为月升之时，八卦中的"坎"与水对应，而月又属水。但离卦中含阴爻，为太阴；坎卦中含阳爻，为太阳。于是二者都发生了转化，便有卯兔、酉鸡了。

今天，人们还是常常把兔和鸡联系在一起，算术题中有"鸡兔同笼"一题，就是一例。

兔与狗自古以来是冤家对头，狡兔与走狗是天然的敌手。汉画像石的猎兔场面中，常常有猎狗穷追野兔的画面。在自然界中，狗是进攻的一方，兔全无还击的能力，但是在十二生肖中，兔与狗是相合的属相，在婚配上有"青兔黄狗古来有，万贯家财足百斗"的迷信说法。正月十五的灯彩中，又有"六合"灯彩，其中之一是兔和狗。这些情况的产生应该与"不是冤家不聚头"的俗话意义相仿。在中国古代的观念中，相冲与相合可以相互转化，敌手可以成为朋友。不过，即使在人们的想象中，兔与狗也不是在任何时候都能相合。"月食"被迷信的人说成是"天狗食月"，那天狗竟贪婪地把月亮连同月中的嫦娥、玉兔都吞食掉了，兔子还是处于被动的地位。

兔与猪在某些地区的旧观念中也被认为是相合的。前面提到旧时青海河湟地区的婚俗，以猪、兔、羊为相合便是一例。

在十二生肖的集体中，兔子是左右逢源、广结缘的一位。这与人们对兔子的好感有关，民俗民风之中总是要体现出人的意愿、人的情感。

生肖的发展与流传

兔生肖产生之后，很快就被古代民众广泛接受，植根于中国传统文化的沃土之中，与各种文化门类相互影响。

人们对兔生肖并不像对虎生肖、蛇生肖那样怀有畏惧心理，膜拜的成分也不多，但人们喜爱、欢迎兔生肖，所以兔生肖千百年来显示出旺盛的生命力。

生肖产生之初，主要与天文历法相关，表示一定的空间与时间，也与某年出生的人相联系。后来，生肖的迷信色彩渐趋浓厚，又与吉凶祸福牵上了关系。兔生肖也不免有这类负面影响。而生肖在各文化门类中所起的作用，丰富了文化的内涵、加强了中国古代文化的感召力量和一致性，增添了传统文化的特征。兔生肖也自有其一份贡献。

十二生肖在中国的各民族间传播，除汉族以外，很多少数民族中也流行十二生肖，不仅人各有其属相，而且也有相似的关于生肖的传说和习俗。比如蒙古族中也曾流行着与汉族一样的孕妇忌食兔肉的禁忌，过年时也贴十二生肖的图画。

彝族有十月太阳历的"十二兽"纪日、神庙"十二兽"壁画，滇、黔彝族区都有"十二兽"纪日集市。虎在十二兽纪日中排在第一位，紧接着就是兔。云南哀牢山上段南涧彝族自治县南境虎街附近一座山神庙壁画中央上方绘一大虎头，左下侧依次绘虎、兔、穿山甲（相当于龙）、蛇、马、羊，右侧为另六种生肖。兔的名次相对靠前。每隔三年的首月即虎月的第一个虎日，周围各彝村要联合举行大祭，夜晚在庙外欢庆十二兽神降临，由年长女巫为首，率领群巫跳起十二兽神舞蹈，气氛庄严而热烈。舞蹈中，为首的女巫要带头表演模仿十二兽的声音、动作。云南、贵州的十二兽集市、集场名中有"兔街"、"兔场"等地名，当地回、苗、瑶、侗、水、壮、布依、仡佬等各族住地也有十二兽集场名。桂西的彝族十二兽中没有兔，是一个特例。

新疆的维吾尔族的十二兽中有兔，以鱼代龙。南方的傣族、黎族的十二兽中也都有兔，其余生肖与汉族的稍有出入。

藏族自唐代文成公主嫁松赞干布就接受了十二生肖纪年。藏历纪年的生肖还要与阴阳五行相结合，如有"阴火兔年"、"阳金猴年"等年份。寻访班禅的转世灵童也要考虑生肖纪年的因素。1937年，九世班禅圆寂，在寻访班禅转世灵童时，据说拉萨北面的拉莫木拉措湖中显现出与后来的十世班禅额尔德尼·确吉坚赞大师相符的景物，还显现了一只老虎，后面跟着几只兔子。而初选出的三位灵童中，只有大师一人是虎年生，另两位是兔年生的。班禅堪布会议认为，在青海塔尔寺的辨认中，大师是第一名。

中国境内有些少数民族很早就流行十二生肖，因此，曾有人认为十二生肖"起于北俗"、"来自西方"等等。不过，在文献记载中，十二生肖在华夏族中出现得最早，所以生肖产生于华夏族而后传入别的民族中的可能性最大。在流传中，不可避免地会有某些改变，在民族之间的文化交流中，这类现象本来就是常见的。

就世界范围而言，古代印度、埃及、巴比伦、希腊也都有过纪历十二兽，但都稍晚于中国的春秋、战国时代。出现古巴比伦的黄道十二宫则晚于中国的十二地支，所以，十二生肖不应是域外传来的，反而，倒可能是产生于中国的十二生肖影响到了域外。

十二生肖在亚洲流传较广。在朝鲜、日本、东南亚诸国，存在着不少与生肖相关的民俗、民风、传说和故事，这是中国十二生肖对外传播的结果。这些国家中与十二生肖有关的文化现象，虽然不及中国的渊远流长、根深蒂固、影响广泛，但与中国的类似之处相当多。

远在大洋彼岸的美国，现在也有不少人对中国的十二生肖有一些了解，产生了浓厚的兴趣，这是中美两国关系发展的结果。

一份美国的商业宣传品上，较详细地介绍了中国的十二生肖，各生肖都绘有图像。其中兔生肖的形象是写实性的，双耳不太长，显得有些与众不同，眼圆睁，蜷体，安详可爱。文字说明的大意是：

兔年生的人比较有社交活动能力，聪明、开放而且客观。他们孩童时代在小学比较受老师喜欢，因为他们好学，有非常强的求知欲。兔在中国是长寿的象征，本质来自月亮。属兔的人虽然有时有点脾气，情绪不稳定，但总的来说较为平和，即使发脾气也容易被人忘记。在音乐和艺术方面也有执著的追求，愿意贡献，使他们比较圆滑的性格锦上添花。

美国人本来就对兔子有很深的好感，在迪斯尼乐园中，有许多活泼可爱的兔子形象，为

云南彝族"十二兽"舞

兔生肖

游人带来欢乐。小说有《兔子跑了》、《兔子富了》、《兔子归来》，电影有《兔子罗杰》，后来，兔子罗杰又出现在另一部电影《空中大贯篮》中……所以在介绍兔生肖的说明中，虽然与中国文化中对兔的见解不尽相同，但是也为兔子讲了许多好话，评价相当高，这说明兔生肖的影响力之强，这种超越国界、横跨重洋的影响力来自中国传统文化的优势和兔生肖的魅力，而兔生肖的魅力在于兔的形象和习性符合中国人和美国人的审美标准。

兔生肖经过长时期的发展和对外传播，到今天已经享誉全球了。至于对兔生肖和属兔人的评价，在现代社会中属于一种趣谈，并不能算做迷信，因为人们不会真正以为某一年生的几亿人秉性、智力、喜好都一样。这类趣谈也可能起到一些好的作用，如果属兔的人常听到别人对自己属相的好评，对自己与相应生肖的长处产生联想，经过长期的心理暗示，就可能让善良、温和、机警等优点在自己的身上得到更充分发挥。这样，趣谈就发挥了积极的作用。

至于欧美流行的星座之说，源于古巴比伦黄道十二宫，相当于中国的十二辰、十二地支，但与十二生肖差距甚远，还有器物，如天秤、宝瓶，显然与中国的十二生肖不能对号入座。不过，文化的交流总是双向的，在中国十二生肖影响到西方的同时，西方十二星座的说法也传入了中国，现今纪念册、生日卡上，每每可以见到印刷或书写的星座内容，这也是一种很有意思的文化现象。以我的亲身经历而言，就有相爱的男女把生肖、血型、星座、生日放在一起看是否都相合的例子，居然有人四个方面全相合，自然双方欢喜。

在东西方文化的交流中，有些内容比较一致，也有的内容有较大冲突。就十二生肖来说，中国的龙与欧洲的龙差距就很大。西方龙的形象如同长了蝙蝠翅膀的蜥蜴，常常是代表邪恶力量的毒龙，这就与中国龙的形象和地位很不相符。不过，对于兔子的看法，东西方倒是比较接近的。对兔子的喜爱，东西方基本相同。西方有许多关于兔子的传说、童话和艺术形象，也把兔子作为善良、机智的化身，同时也认为兔子有吹牛、自作聪明和聪明反被聪明误等特点。这些一致性，都为中国兔生肖影响的扩大创造了有利条件。不过，西方人虽然对中国的十二生肖有了一定程度的了解，却没有接受其内容，与人们的生日相联系的主要还是十二星座，而十二星座中并没有兔子。

元宵节拉兔灯

北京旧时有灯市，正月十五元宵节前夕出售各种花灯，其中有动物造型灯，兔灯造型为兔，很受儿童的喜爱。这是一种用纸扎成的玩具灯，由孩子们提着或拉着在节日的晚上到处游逛玩耍，提灯逛灯。

兔灯在上元节时是颇受欢迎的动物造型灯，这是因为玉兔是月亮的象征，正月十五是月圆之夜，因此人们就对兔有些偏爱。另一方面，兔灯结构比较简单，容易制作，售价不会太高，适合一般群众应节的需要。

山东有些地方又在元宵节捏面灯，称为"岁灯"或"十二生肖灯"，每个家庭成员无论在家还是出门在外，都要为他们按照属相，捏成一盏动物造型的豆面灯。这些面灯往往由孩子的母亲和奶奶制作，盛油的灯盏驮在面捏生肖的背部或由它们捧着，到夜晚一齐在桌上点燃，表示合家团圆，又有消病去灾、祈求人丁兴旺的寓意。豆面兔灯是其中的一种。

江西宁都县东山坝乡的大布村有"过灯"习俗。南北朝时期，这里曾是虔州县（即宁都县的前身）的县城。千年的岁月在流逝，而古邑的遗风仍历历在目，大布"过灯"民俗的古老仪式一代又一代地流传下来。"过灯"是大布村一年一度每家每户都要参加的大型活动。"过灯"是用彩纸扎成的母子兔子形状的灯被点燃后，人们拉着它在村庄、祠堂、各家各户巡游。据传，"过灯"的民俗始兴于唐朝，人们把兔子视为吉祥之物，兔子灯所到之处就意味着把吉祥和好运送到了那儿。人们沿用这一吉祥物来迎神接福，其中寄寓的是人们祈求神灵保

玉兔灯笼

澳门在2010年上海世博会上展示的玉兔灯笼，由华人建筑师Carlos Marreiros设计。建筑采用玻璃膜和荧光显示屏外墙。兔子的头和尾巴可以上下移动，以便吸引游客。建筑采用的都是可循环再造的物料，有太阳能电池板和雨水收集系统。建筑的灵感来自远古时代东南地区中秋节的兔子灯。

元宵节拉兔灯

佑，期盼来年五谷丰登、人畜兴旺的美好愿望。

"过灯"是大布村人集体的活动。每年正月初十至十五的晚上，是大布村人"过灯"的日子，也是大布村最热闹红火的日子。有五千多人口的大布村，每一家每一户都要扎一盏一母二子抱成团的兔子灯。兔子灯由三个并列的兔子头组成，中间的兔子更大，是兔婆，旁边两盏是小兔子。兔子灯用竹蔑做骨架，用红、绿、白三色的纸糊贴。兔身里安放一碗用茶油浸泡的白米，米中间放灯芯草，巡游时就点燃灯芯。"过灯"活动开始时，一家要出一个人擎着兔子灯加入游行的大队伍。游灯的队伍以二盏扇面灯领先，紧接着一条二十多米长的龙灯，最后是数以百人(早年村里没有人外出务工时，是数以千计的人)提着兔子灯气势恢弘地巡游。

在响彻云天的锣鼓唢呐声中，由近千人组成的游灯队伍浩浩荡荡地走家过户、穿街过巷，巡游在田埂上、池塘边，最后聚集在祠堂里。之后，村里人还会按家族分别去事先议定好的人家里热闹一番。这些人家都是年前有喜事的，或是家里考出了大学生，或是取了媳妇的，或是家里添了新丁的，主人家则要备好茶点酒席来迎接招待这些贺喜的乡亲，因为，"兔子灯"队伍的到来，象征着乡亲们给家里送来了吉祥如意的好运气。连续几天，大布村人都沉浸在欢乐喜庆之中，数以千计的"兔子灯"像繁星点灯，把这一方漆黑的天地点燃成了或长或圆、或点或线、或弯曲或成片的光明灿烂与辉煌火红。

拉兔子灯，据说兔子灯所经过的地方到处都散播着吉祥！

兔子灯的制作方法

准备好彩纸、线、竹条或铁丝及浆糊或胶水等原料。

先扎灯的骨架，用竹条或铁丝弯成两个圆形的圈，"人"字形交扎成头部，两圆圈的交扎点是兔的鼻子。兔身用两个竹条（铁丝）弯成的椭圆圈端部十字交叉扎结而成。

再将兔头扎于兔身的三分之一处，装上两耳，耳用纸片贴于竹条上制成，两耳用一线系于头顶，耳下缀两枚泥丸，这样耳朵可以活动，又保持竖立。兔身后装尾巴，方法与双耳相同，这样尾部也可以活动。身下装四个可拖滚的轮子，两轮一组，以轴相连。

然后糊纸，兔身背部留孔。用条穗纸在身、尾糊成绒毛。最后是装绘，眼睛和胡须用彩纸剪贴。鼻部拴系线绳，以备牵引走动。灯内于兔身下部安蜡签或小盘，以备装蜡烛。蜡烛要正对兔身背部的孔。

卯兔本命神

癸卯太岁皮时大将军　北京白云观

顺星又叫"祭星"。依照道教和星象家的说法，每人每年都有一位值年星宿，也叫"流年照命星宿"（日、月、水、火、木、金、土、罗睺、计都九星轮流值年照命）。人的一年命运如何，完全操控在这位值年星宿手里，而每年正月初八日为诸星君聚会之期，又传为"诸星下界"之日，故在这天祭祀星君（即顺星），便有可能获得星君的垂佑。旧时北京，人们多到白云观星神殿（即元辰殿）去烧香顺星。但不论是否去庙里进香，是日晚间，天上星斗出齐后，各家都要举行一个顺星的祭祀仪式。《燕京岁时记》："初八日，黄昏之后，以纸蘸油，燃灯一百零八盏，焚香而祀之，谓之'顺星'。"在家里散灯花顺星之同时，很多人到白云观元辰殿去参加顺星祭典。

元辰殿俗称"星宿殿"或"顺星殿"。殿在白云观西路。殿中塑有六十年花甲子的六十位星宿神像。

凡到元辰殿顺星的人，首先要找到自己的本命星宿，如果是甲子年生人，就到甲子太岁金辨大将军的塑像前，烧香、磕头、布施之后，再到今年当值的星宿处。如果今年是癸亥年，就再到癸亥太岁卢程大将军塑像前烧香、磕头、布施，即可保佑你一年顺遂。

顺星用的星神码一共两张。头一张印着"星科"、"朱雀"、"玄武"等名目，并分别列出其所属的星宿名。中间为"八卦"，里圈印着天干、地支字样，外围绕圈印着十二属相的图案。后一张是"本命延年寿星君"，放在星神码的后边，只露上端名号。两张同时夹在一个神纸夹子上，放于正厅天地桌后边正中。

星神码前边摆上用黄、白两色灯花纸捻成的灯花，谓之"金银灯儿"（用香油浸捻），共一百零八盏，也有用四十九盏的，还有按所谓《玉匣记》"本命星灯"之数者。通常都放在一个大型金属盘子里，用小铜钱压好，祭祀时全部燃点。以三至五碗熟元宵（每碗五个）、清茶一杯为供品。前设香炉、蜡扦等供器，蜡扦下分别压着黄钱、千张、元宝等敬神"钱粮"。祭祀时，由长辈主持，燃烛上香，全宅按尊卑长幼次序行三叩首礼，肃立十分钟左右。待香烛欲尽，再依次三叩首后，即请香根，将星神码及钱粮一并置于庭院事先准备好的钱粮盆中，与松木枝、芝麻秸一起焚化，同时燃放鞭炮。

祭星时，还要在案头、灶台、门坎、锅台

等处各放一盏"金灯"（黄灯花）并点燃，谓之"散灯花儿"，有辟除不祥之意。祭星仪式结束后，全家即聚在一起吃一顿元宵。

本命年犯太岁

中国古代传统的记时方法是天干地支法。用十天干即甲、乙、丙、丁、戊、己、庚、辛、壬、癸与十二地支子、丑、寅、卯、辰、巳、午、未、申、酉、戌、亥循环相配，由甲子起至癸亥止，共得六十对，用此计年，六十年为一同，称"六十甲子"。

道教吸收民间流行的纪年方法，并提出"本命"的说法，称凡本人的出生年六十甲子干支之年，叫本命元辰、本命年。如某人出生于甲子年，那么甲子即其本命元辰，甲子年即其本命年。本人的出生日在六十甲子的干支，叫本命日。如某人出生于甲子年丙子日，那他的本命年是甲子年，本命日即是丙子日。道教认为六十甲子即六十星宿，六十甲子就成了六十尊元辰星宿神。

就此，道教还提出了"太岁"的说法。

太岁亦称岁神，又名岁星、顺星。每年都有一个太岁，如逢丁卯年，丁卯即"太岁"，逢乙卯年，乙卯即"太岁"。《月令广义·岁令二》："太岁者，主宰一岁之尊神。凡吉事勿冲之，凶事勿犯之，凡修造方向等事尤宜慎避。又如生产，最引自太岁方坐，又忌于太岁方倾秽水及埋衣胞之类。"《协纪辨方》卷三引《神枢经》："太岁，人君之象，率领诸神，统正方位，斡运时序，总岁成功。……若国家巡狩省方、出师略地、营造宫阙、开拓封疆，不可向之。黎庶修造宅舍、筑垒墙垣，并须目避。"《三教源流搜神大全》卷五："太岁殷元帅。帅者，纣

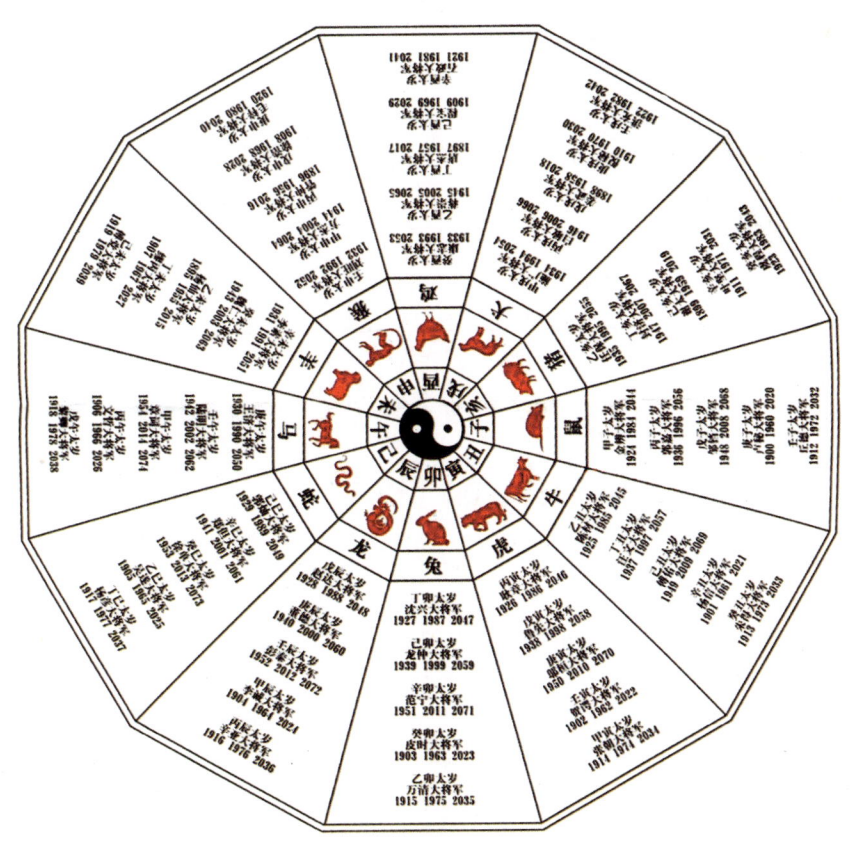

太岁图

王之子也。母皇后姜氏。一日，后游宫园，见地巨人足迹。后以足践之而孕，降生帅也。"

在民间旧俗中，本命年常常被认为是一个不好的年份。有民谣称"本命年犯太岁，太岁当头坐，无喜必有祸"，所以民间通常把"本命年"也叫做"槛儿年"，即度过本命年如同迈过一道槛儿一样。

古时人们习惯上只重视岁阴（十二地支），

丁卯神将　塑神秘谱

明代汪三益辑注《参筹秘书》绘六丁六甲神旗十二面，有相应咒语：（丁卯神将）其将史姓司马讳文伯，兔首人身，青服骑玉兔，手执戟。凡用之，叱曰："丁卯神君，东方之精，飞腾万里，致雨致晴，救民苦厄，上达高真。吾奉九天玄女仙师仵军律令。"

故有"太岁"十二年一循环之说。地支有方位，"太岁"因而也有方位，故古代民间许多禁忌由此产生，以太岁所在为凶方，忌兴土木或迁徙房屋等。《土风录》云："术家以太岁为大将军，动土迁徙者必避其方。"欧阳修《集古录》载李康碑说："岁在亥，大将军在酉。"故太岁在中国民间信仰中是有名的凶神。

太岁神的奉祀，据杜佑《通典》载，北魏道武帝（公元386年至409年在位）时，已立"神岁十二"（即十二个太岁神）专祀。《春明梦余录》载："明洪武（1368年至1399年）七年（1374年）甲寅，令仲春秋上旬择日祭太岁。"说明从北魏时，每年要祭祀岁星，并且还专门设有祭祀岁星的祠。北京白云观的元辰殿，俗称"六十甲子殿"，奉祀有六十甲子神和斗姥元君。

太岁神因时而化，据《夷坚志》载，宋时常州东岳庙后所供太岁，已俨然冠冕，具有人格特征。自元明以后，最高统治者设专坛祭祀太岁神，并常与月将日值之神并祭。因岁神为值年之神，掌人间一年祸福，又称"值年太岁"，俗称"岁君"。后来道教又把太岁称为大将军。《神枢经》云："大将军者，岁之大将军也。"故《正统道藏》中称六十年太岁神均有真名实姓，且皆有神历。如今道教宫观甲子殿中供奉的六十位太岁神，神采各异，巧夺天工。

六丁六甲护法神

六丁六甲，即六十元辰中的"六丁"与"六甲"神，其原本是道教传说中的一种护法神将。《重修搜神记》载："元始命玉皇上帝阵诏，喝玄武披发跣足，金甲玄袍，皂纛玄旗，统领丁甲。"丁甲之名来源于天干地支，丁神六位为丁卯、丁巳、丁未、丁酉、丁亥、丁丑，甲神六位为甲子、甲戌、甲申、申午、甲辰、甲寅。丁神六位支为阴，盖为女神，甲神六位支为阳，盖为男神。

《续文献通考》："丁卯等六丁，阴神玉女也。甲子等六甲，阳神玉男也。"

六丁属阴，六甲属阳。六丁都是女神。道士用六丁之法招使六甲神察知远方人或物的吉凶。六甲是男神，是真武大帝的部下，有"祈禳驱鬼"的功能，也叫"制鬼神"。

《三才图会》中所说六丁神是丁卯神司马卿、丁丑神赵子玉、丁亥神张文通、丁酉神臧文公、丁未神石叔通、丁巳神崔巨卿，六甲神是甲子神王文卿、甲戌神展子江、甲申神扈文长、甲午神卫韦卿、甲辰神孟非卿、甲寅神明文章。说法不止一种，各有出入，但符箓派的道士驱使神将护体时，除了二十八宿、四职功曹，最多的还是六丁六甲。

六丁六甲神位虽小，但在道教中却非常重要，经常被道士所役使。《后汉书·梁节王传》记载，汉代方士已经有役使六丁六甲的方法，先行斋醮，然后召六丁神，"可使致远方物，乃知吉凶也"。梁节王曾用这种方法来"占梦"。《后汉书·梁节王传》："性聪惠，然少贵骄，颇不遵法度。归国后，数有恶梦，从官卞忌自言能使六丁，善占梦，榈数使卡筮。"注曰："六丁，谓六甲中丁神也。若甲子旬中，则丁卯为神；甲寅旬中，则丁巳为神之类也。"唐韩愈《调张籍》诗曰："仙官敕六丁，雷电下取将。"张万福《传授三洞经戒法·略说》："阴阳禽辟，万二千物具而有神焉。主之者，六甲也……六甲者，一切之

丁卯太岁沈兴大将军

丁卯太岁明时降生于建宁，名沈兴。貌短而精悍，目光炯炯烛人，善谋多智，议论磊落，洪武间任建宁右卫指挥使司之后所百户。筑城建防，外阻盗寇出没，内靖下姓治安，民遂安居乐业。后其子沈亮、沈镛、沈泽、沈重等袭。

1927年、1987年生人的本命神。

纲纪也。"南宋王契真编《上精灵宝大法》卷二："丁丑延我寿、丁亥拘我魂、丁酉制我魄、丁未却我灾、丁巳度我危、丁卯度我厄；甲子护我身、甲戌保我形、甲申固我命、甲午守我魂、甲辰镇我灵、甲寅育我真。"如今《道藏》中存有《灵宝六丁秘法》和《上清之甲祈祷秘法》，且《灵宝六丁秘法·后序》中称六丁"能长能短，能有能无"。道教还有一种六甲符，用来"驱恶驱邪"。《云笈七羲》卷十四称："若辟除恶神者，书六甲、六丁等持行，

己卯太岁龙仲大将军

　　己卯太岁宋时降生于永新，名龙崇，亦名龙仲。仲好读书著述。陈恺帅九江，重加礼聘。建议筑永新城，人民赖以保障。京尹赵与表监酒米税，修中兴政要，书成，与权檄迕，荐授从仕郎。复修宋朝帝学增释二百卷，再进儒林郎、史馆校勘，辛于京邸。

　　1939年、1999年生人本命神。

辛卯太岁范宁大将军

　　辛卯太岁东晋时降生于南陌，名范宁，字武子。为人才气豪迈，笃学通览，嫉恶虚浮。任余杭令，兴学校，养生徒，风化大行。迁临淮太守，封阳遂乡侯，为豫章太守，大设养序，遣人往交市磐石，以供学用。资给众费，开豫章好经学之风。

　　1951年、1911年生人的本命神。

并呼甲寅，神鬼皆散走。"后来此就演变成六丁六甲神。

　　六丁六甲护身神咒——

　　丁丑延我寿，丁亥拘我魂。丁酉制我魄，丁未却我灾。丁巳度我危，丁卯度我厄。甲子护我身，甲戌保我形。甲申固我命，甲午守我魂。甲辰镇我灵，甲寅育我真。

　　《隋书·经籍志三》中的《六甲贯胎书》，

谓妇女身怀胎儿。传说中甲子、甲寅、甲辰、甲午、甲申、甲戌六个甲日，是上天创造万物的日子，也是妇女最易受孕的日子，故称女子怀孕为"身怀六甲"。

六十甲子本命神

　　风俗有本命年之说，六十甲子囊括了所有人的生年。对每个人来说，本人的出生年则称为本命元辰。旧时正月有顺星习俗，礼拜本

卯兔本命神

癸卯太岁皮时大将军

　　癸卯太岁魏时降生于渔陌,名皮喜,亦名皮时。时,名将皮豹子之子,少好武略。高宗以其名臣子,擢为侍御中散,迁侍御继。吐谷浑部落侵凉洮河,诏时为平西将军,领凉州诸军讨平之。又拜为使持节侍中,都督秦雍荆梁益五州早事,所至,申恩布威,民大悦。

　　1903年、1963年生人本命神。

乙卯太岁万清大将军

　　乙卯太岁元时降生于建昌南城,名万清,字仕廉。沉静,尚志节,由进士官至枢密院使。至正中镇守建昌路总管府。辛丑四海不宁,遂弃任归家。洪武初,窜入闽地,明太祖屡征,以一女不事二夫、一臣不事二朝为由,不就。使人求得之,贬和州知州,不就,辛。

　　1915年、1975年生人的本命神。

命元辰,即向本人出生年的星宿神祈求吉祥如意。比如属兔人顺星,要在乙卯太岁、丁卯太岁、己卯太岁、辛卯太岁、癸卯太岁之中,找出自己生年的那一位太岁,而不是五个兔年太岁一齐礼奉。假设某人生在乙卯年,那么乙卯太岁万清大将军便是他要礼奉的本命星宿神了。属兔以兔年为本命年,属龙以龙年为本命年。然而,这"本命"的含金量是足赤的吗?若较真,六十年一甲子中,五个本命年里倒有四个是要打打折扣的。六十花甲里包含五轮,各轮的同一属相年,其地支虽同,天干却各异。就说属龙,有戊辰、庚辰、壬辰、甲辰、丙辰五种,而按照阴阳五行的迷信说法,它们的五行归属各不相同。此外,古人还敷衍出充满神秘色彩的"纳音",将六十花甲分成三十种命,那中间五种辰龙并不相同。按照六十纳音,戊辰"大林木",庚辰"白蜡金",壬辰"长流水",甲辰"覆灯火",丙辰"沙中土",五个辰龙被分别划为木金水火土。从这个意义上来谈论生肖迷信的话题,同是属龙,以庚

北京白云观

辰双手托碧水金龙，癸巳手中捏蛇，为一种形式；戊午胸前马头，为又一种形式。

礼拜本命元辰，旧时曾是一种具有民俗特点的活动。清代《燕京岁时记》说：正月"初八日，黄昏之后，以纸蘸油，燃灯一百零八盏，焚香而祀之，谓之顺星。"更大众化的顺星活动，则是在这一天去白云观祭本命元辰，烧香礼拜，祈求一年的平安。这也称为"祭星"或"求顺星"。所谓"顺星"，意思是即使不顺利的流年，通过祈祷得到本命星宿神的保护，也可转不顺为顺利。这种习俗还造就了一句俗语——"不顺星儿"，与"不顺遂"同义，表示诸事不利的无可奈何的话语，流行于京津一带。

辰和壬辰为例，一龙"白蜡金"，一龙"长流水"，相互之间是有区别的。

道教以六十个星宿神为值年太岁，称六十甲子太岁，又称六十甲子本命神，或称六十甲子本命星君。北京白云观有座元辰殿，供奉六十星宿神像，其造像以清代皇宫如意馆的六十甲子本命神图像为粉本。如意馆是清代专司宫廷绘事的机构，隶属内务府造办处。

六十甲子神的塑像，以北京白云观最为著名。白云观原名天长观，始建于唐开元年间。相传，金代时章宗完颜璟的母亲瑞圣皇后久病不愈，正月初八祈祷丁卯元辰，得解病痛。为此，建丁卯圣瑞殿，供奉丁卯元辰神像。拜本命元辰星宿神的习俗由此大兴。白云观现存六十甲子神像为重彩泥塑，是"文革"以后以清代宫廷如意画馆所绘六十甲子神像为粉本重新塑造的。六十甲子星宿神的生肖意义，古人在描绘神像形象时有意体现出来。六十种神像里，表现出生肖动物图形者有十五种，恰好四分之一。动用最多的形式为头饰，例如：丁卯头顶白兔头饰，辛未头顶白羊头饰，癸未头顶黑羊头饰，丁亥头顶猪头饰，己丑头顶黑牛头饰，乙未头顶白羊头饰，丁酉头顶红冠鸡头饰，己亥头顶黑色大耳猪头饰，丙午头顶白马头饰；壬寅头顶老虎头饰，且膝下一小虎；此外，戊辰双手握龙，壬

清宫如意馆六十甲子神像：丁卯太岁

卯兔本命神

五台山千手千钵文殊菩萨铜像

兔年出生人具有智慧才学，博学多艺，但因毅力不够，多半途而废。夫妻之缘极佳。此年生人天性善良，合家欢，人爱戴，晚年安乐，衣食不缺。文殊普贤菩萨又称法王子，为智慧之象征，右手持金刚宝剑能斩群魔，断一切烦恼；左手持青莲花，花上有金刚般若经卷宝筐，象征所具无上智慧，传为兔年出生人一生的守护神。

卯兔日尝新

吴裕成

卯兔 剪纸 殷嘉才

江南农历六月，早稻初刈，民间有荐新之俗。荐新，是指以时鲜的食品奉祭祖先。较早记录此俗的，有清嘉庆年间湖南《祁阳县志》：

是月早稻熟，择寅、卯、辰、巳日荐新，以龙、虎、蛇、兔不食谷也。

荐新选在属虎、属兔、属龙、属蛇的日子，因为十二生肖中这些动物不会与人分享米饭。清道光年间湖南《永州府志》仍记此俗：六月"择寅、卯、辰、巳日荐新于先祖，以龙、虎、蛇、兔不谷食也"。

荐新，又叫尝新、试新、吃新。一年的收获开始了，这是农家的节日。尝新不仅在于口味，还意味着喜庆与祝福。选择龙日、虎日、蛇日、兔日荐新，其中就包含着丰产——庄稼的长势好，还要力争丰收——颗粒归仓，不浪费，效益好的意义。

荐新日子的选择，寅虎、卯兔、辰龙、巳蛇四者之间，人们更乐于选用的不是寅虎、巳蛇，而是辰龙与卯兔。清乾隆三十一年湖南《酃县志》说：六月"月内早稻熟，择龙、兔日设酒肴报神、祀先祖毕，留客设席，谓之尝新"。酃县（今炎陵县）地方，尝新只用卯兔辰龙之日。

是否还可以再精简？辰龙与卯兔，要论荐新俗信的优势，辰龙稍逊之。清嘉庆二十二年增刻《长沙县志》记：六月"早稻可获，民间选卯日造新米饭，陈酒肴祀神毕，合家聚食，谓之尝新"。你看，只剩下一个属兔的日子。

卯日最受青睐，靠着"兔"的风采。清光绪初年湖南《零陵县志》记：

六月间，禾甫熟，刈少许炊尝，名曰"试新"。奉祖考，祭田神，尊长尝后，少者方食。盛具酒肴，忌用鸡，以音类饥也；尚鱼，以音类余也；用卯日，属兔，字义为吐，取吐故纳新也。

尝新包含着丰富的礼仪意义，而凡含礼仪内容的习俗，多有忌宜方面的讲究。避"饥"唯恐不及，尚鱼只缘音"余"，都是例证。至于卯兔"字义为吐"，其实也是来自谐音。

这是有悖于动物学的一种说法，古人讲：兔产仔由口中吐出，所以称为兔子。民间将此说活用，选卯日以应吐故纳新之意。光绪八年湖北《孝感县志》说：

试新择卯日之逢收者，卯属兔，取"兔收"、"透收"相同音。

选的是卯，着眼在兔。借谐音，或说吐故

同庆丰年　年画　天津杨柳青

纳新，或说透收——丰产还要丰收，颗粒归仓。

借卯兔而巧用"兔""透"谐音，并不只存在于尝新风俗里。湖北南漳、长阳一带民俗，称农历八月十五为牛王生辰。这一天诵经以祈求耕牛健、农事顺。诵经要选在卯时，因为卯属兔，卯时诵经，为了取"兔"与"透"谐音，寄予将经诵透的意思。

仍来说尝新。尝新节日期的选择，还有另一种思路。胡朴安《中华全国风俗志·宣威岁时之陋俗》记云南民俗：

稻穗初黄之时，预先摘回荐祖敬神而尝新。此种习俗，各处皆有之，宣威则必择一定之日。谓猴有嗉囊能贮食，牛能挽车，马能驮谷，蛇为顺；猴于十二支为申，牛为丑，马为午，蛇为巳，必择此等日方能尝新也。

不是着眼于"龙、虎、蛇、兔不谷食也"，而是着眼于动物与农耕或农作物的另一种关系：牛和马为耕畜，猴子有嗉囊可以表示储粮，蛇的形体应了"风调雨顺"的那个"顺"字——由此，选在丑、午、巳、申之日过尝新。

被选为荐新节的，还有戌狗之日。据资料介绍，广西隆林县的仡佬族同胞，原居贵州，他们至今保留吃新节风俗。吃新节的节期，一般选七月的辰（龙）日或戌（狗）日，有些村寨则选八月的巳（蛇）日。云南罗平县布依族的尝新节，也选七月第一个狗日。

荐新尝新风俗对于生肖纪日的妙用，体现着乡野大众的幽默、情趣和智慧，包含着丰衣足食的祝福。

尝新习俗可以追溯到殷商时代。卜辞中有"王其登米"，是讲以新收获的谷物荐享于祖先，是为"登尝"之礼。尝新对生肖纪日的妙用，丰富了这一古老风俗的内容。

玉兔星月　剪纸　江浙地区

果蔬杂陈 应时尝新　中国画　现代　陆俨少

云南彝族欢度尝新节

中秋节这一天是云南楚雄彝族人民传统的尝新节，彝语叫"区戏作噢"。彝家人在这一天要举行各种祭祀活动，祭拜天地和祖先。云南楚雄的彝族，围着篝火跳起欢快吉祥的"十二兽"舞，庆祝一年一度的尝新节。

闽东畲族尝新节祈福仪式

闽东的畲族有一个传统，每到秋季水稻开镰之时，要选一个好日子举行"尝新"祭祀活动，用新收获的稻谷碾米，煮成白米饭，做成糍粑等，敬天敬地敬祖先，感谢上天的恩赐和祖先的福佑，然后延请四邻乡亲共尝，分享丰收的快乐。这就是畲族一年一度的"尝新节"。

祭祀仪式是尝新节的重场戏。

正殿上红烛高照，香烟袅袅；祭桌上摆满了祭品，最抢眼的是新收获的稻米饭和用新米做的糍粑。

仪式开始。六名头戴黄色巫帽、身着红色巫裙的畲巫吹着龙角进场，接着跳起"铃刀舞"。巫师们手执铃刀、龙角等法器，伴随着龙角、三音（一种法器）载歌载舞，舞步轻快、欢乐。

最精彩的应该是"罡步舞"。畲巫模拟女神陈靖姑（奶娘）的生平和事迹，行罡做法。

大殿上主祭父老在三名法师的引导下正在进行感恩祈福仪式。主祭人高声诵读祭文：一敬天公，二敬地母，三敬祖先；祝祷风调雨顺、国泰民安、乡村平安、田园丰登。

拂去祭祀仪式上的迷信色彩，使人看到一个古老民族的勤劳与善良、勇敢与顽强，看到了他们对和平、安定、丰衣足食的祈盼。

开镰的喜悦使村民们比往常更加忙碌。人们又是舂糍粑又是包粽子，敬神敬祖敬乡亲，也给自己带来了无尽的口福。

连南瑶族尝新节

连山壮族称六月六（或六月二、六月五，以各地圩期而定日子）为"尝新节"，壮语称"拜久那"，原意是拜"田头神"。这一天家家到未完全成熟的稻田里采摘成熟的谷穗回家，脱粒炒干磨成米煮饭，拿"新米饭"到田头跪拜一番，祈求田头神庇护五谷丰登。主家除煮新米、宰鸡杀鸭宴请客人外，还要制作一两斤重的糯米粽送人，以示庆贺。

在连南，亦称尝新节，瑶族则于尝新节这一天到神庙奉神，用自己辛勤劳动得来的最新出产的农产品拜祭祖先、土地公等，表示对谷魂和祖先神的感恩，期盼五谷丰登、六畜兴旺。过了此节，正式进入"双夏"大忙季节。瑶族又称六月六为"拜灶节"。

卯兔日尝新

祭祀用兔

王迅

在原始社会，人们就食用兔肉了。以后，人们不仅以兔肉为佳肴，也以其为祭祀祖先的美食。

古代兔肉佳肴

据《诗经》记载，周代的贵族已经有了很多种制作兔肉菜肴的方法：糊上泥巴在火上煨，称为炮；带着皮毛直接放到火上烧，称为燔；剥了皮放在火焰上熏烤，称为炙。

烧烤的肉食本是原始人的发明，陶器出现以后，人们又有了煮肉、蒸肉等新的烹饪方法，但烧烤的魅力却有增无减。这与炙肉方法改进、调味品增加是相联系的。

《仪礼·公食大夫礼》载，下大夫的礼食中一定要有炙牛肉、炙羊肉和炙猪肉，而上大夫的礼食还要再加上炙雉、炙兔、炙鹑和炙鷃，这四种野味，在"八豆八簋六铏九俎"之外，是特殊待遇，显示了当时的等级差别。上大夫身份高于下大夫，所以礼食中才有兔。

当时也有了兔羹，羹在古代是用肉、菜煮成的浓汁状态的食品，其中加入各种调味品。

贵族食用的羹有很多讲究。《仪礼·公食大夫礼》中说，诸侯吃稻米饭要配犬羹和兔羹。如果吃麦饭或菰米饭就要配别的肉羹。周代宴客要等羹熟了才能请客人入席，说明那时的羹在宴会上非常重要，离了羹便不成筵席。兔羹是诸侯吃大米饭时享用的。这与上大夫礼食中有炙兔一样，说明兔肉菜肴在贵族食品中是一种深受喜爱的美味。

兔肉又可以制成肉酱，叫做"醢"。将肉晒干，捶细碎，拌粱曲，加上盐和美酒，装入瓮中，酿制百日可成。据《礼记·内则》记载，吃脯羹要配兔醢。

兔肉整只风干，就成为腊品，因为加了盐，就成了咸干肉。脯腊便于较长时期保存，慢慢享用。

汉代继承了周、秦以来的兔肉菜肴，从汉画像砖石反映的猎兔活动之多，从汉辞赋中描述的猎兔活动之盛，都可以看出人们对兔的需求量增加了。

有的贵族生前喜欢兔肉，死后的随葬食品中也有兔肉。湖南长沙马王堆1号汉墓中出土了48件竹笥，笥内随葬品的主要部分是食品。从残存骸骨和遗迹判断，肉食品中有兔肉。根据这兔肉不是盛放在食里和放肉食品的竹笥又都垫草的情况看，这些兔肉可能还是待加工的原料。

马王堆1号汉墓的主人是轪侯的妻子，墓中遣册上记载着随葬物品，其中有酎羹九鼎一套、白羹七鼎一套、漆鼎七件，全部用鼎为九、七三牢，这本是诸侯之制，但春秋中晚期有些上卿也可以用九、七二牢，马王堆1号汉墓的鼎制可能沿用了以前的上卿之礼，礼食中应该有野兔。竹笥中残存的兔骨正与此相符。

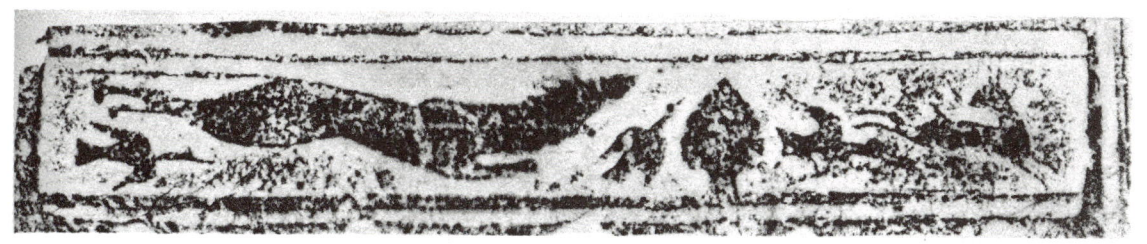

犬逐兔　汉画像砖　河南

祭祀用兔

唐代，据《辨物小志》载："唐自中宗朝，大臣初拜官，例献食于天子，名曰'烧尾'。""烧尾宴"一般是主人初登第或升迁时，接待来祝贺的朋友、同僚时举行，有时还以此宴来请皇帝。宋初陶谷《清异录》中列出了其中的五十八款菜肴，其中也有兔。

兔肉制成的羹，在这里称为卯羹。兔为卯之属，故兔羹叫做卯羹。唐代烹饪技术比周代大为提高，调料也丰富得多，烧尾宴又是盛行的大宴，卯羹显然要比周代贵族食用的兔羹更精美。

宋代的兔肉菜肴又有翻新，出现了一种叫做"拨霞供"的兔肉火锅。

南宋理宗淳祐年间，福建泉州名士林洪到武夷山拜访一位隐士止止师。当时正值冬季，林洪将至止止师居住的仙掌峰时，天降大雪，忽见一只野兔在山间飞驰，滑滚下山，被林洪得到。林洪提着野兔，吟诵着《诗经·瓠叶》"有兔斯首，炮之燔之"的诗句，来到止止师的住所，要与止止师共享美味。林洪问止止师是否会烹兔。止止师告诉他，自己在山中吃兔的方法是：在餐桌上放火炉，火炉上架汤锅，把兔肉切成薄片，等汤煮沸时，用筷子夹兔肉片在汤中涮熟，蘸着用酒、酱、椒、桂等做的调味汁食用。

止止师就这样与林洪涮吃了这只野兔，林洪第一次吃涮兔肉，感到这种食法兔的滋味鲜美，因同友人共围一炉，别有情趣。数年之后，林洪在京城临安（今杭州市）的工部郎杨泳的筵席上又一次享用了这种兔肉火锅。那锅中汤汁沸滚，如浪涌江雪。宾主拥炉，夹起红色的兔肉片在热气蒸腾中摆动，云蒸霞蔚。林洪即席赋诗，诗中有"浪涌晴江雪，风翻晚照霞"之句，并为这道菜取名为"拨霞供"，将其收入自己的著作《山家清供》。书中于此条之后注有"羊肉亦可"，说明这种美食与涮羊肉属于同一源流，但其鲜、嫩、情趣、气氛，又在羊肉火锅之上。

清代最高规格的宴席有"满汉全席"，依乾嘉间李斗《扬州画坊录》所载，此席有四份，其中第二份有二号簋碗十件，中有一"兔脯奶房签"，是满汉全席中唯一的一道兔肉菜肴。

兔肉祭祀祖先

周代祭祀有时用兔，汉代亦然。《后汉书·班彪列传》："于是荐三牲，效五牲，礼神祇，怀百灵。"李贤等注："《左传》郑子太叔曰：'为五牲三牺。'杜预注云：'五牲：麋、鹿、麕、狼、兔也。三牺，祭天地宗庙之牲也。'"五牲都是野生动物，兔是其中最小的一种，排在最后。尽管如此，能作为献给神灵的祭品，在众多的野生动物中只有为数不多几种，这说明当时的人们喜欢食用兔肉，因而也把这种美味奉献到祭坛上。

周代祭祀祖宗的祭品中也有兔，《礼记·曲礼下》说："凡祭宗庙之礼，牛曰一元大武，豕曰刚鬣，豚曰腯肥，羊曰柔毛，鸡曰翰音，犬曰羹献，雉曰疏趾，兔曰明视。"孔颖达疏："兔曰明视者，兔肥则目开而视明也。"依照这种解释，祭祀宗庙要用的兔还得是肥兔，是在野兔中再经过选择才献给祖宗的。

历代的祭品中又有兔醢。兔醢制作程序比较复杂，要经过晒、切捶、加拌调味品、酿制等工序，是一种较为精美的食品。醢就是肉酱，兔醢即兔肉酱。

鱼兔娃　面塑　山西　山西河边民俗博物馆藏

民间面花大多为适应民间节日的需要而制作，具有鲜明的民俗色彩。这件面花就是晋北地区中元节时长辈送给孩子们的礼物。农历七月十五为中元节，是民间祭祀亡灵悼念祖先的日子。七月十五送面羊是中国北方流行的风俗。面羊是面花的代称，面塑蒸制的飞禽走兽、花草人物都可叫面羊。在中元节，家家户户做面羊上坟祭祖，然后将面羊馈赠给亲友和孩子们。晋北忻州、定襄的面羊尤为饱满生动，具有单纯粗犷稚拙之美。这组鱼兔娃的组合形象含有吉祥的寓意，以墨线勾出娃娃的眉眼和刘海儿，品红点唇，鱼以红枣做眼，玉兔双耳竖起歪头站立，构思新奇，颇得浑厚天真之趣。

据《周礼·天官冢宰·醢人》记载，周代的祭祀中要用兔醢为祭品之一：

醢人掌四豆之实……加豆之实：芹菹、兔醢……凡祭祀，共荐羞之豆实。

兔醢在后世祭祀时仍作为一种祭品。《礼记·曲礼下》："凡祭宗庙之礼，牛曰一元大武、豕曰刚鬣……兔曰明视……"在宗庙祭祀时，兔被称为明视。宗庙里供奉的是祖宗，这兔当然是献给祖宗的。

后来，少数民族在建立了中央政府后，也采用《周礼》中的祭祀内容，如：

《金史·志第九·礼》载：郊祀时"光禄卿帅其属人实祭器……豆三行，以左为上，芹菹在前，笋菹、葵菹次之，第二行韭菹在前，菁菹、鱼醢、兔醢次之……"

《金史·志第九·礼三》载祭祀宗庙时"光禄卿帅其属，入实笾豆……豆之实，芹菹、笋菹、葵菹、青菹、韭菹、酏食、鱼醢、兔醢……以序为次。"

《金史·志第十五·礼七》载祭社稷时，"豆之实，芹菹、笋菹、葵菹、青菹、韭菹、鱼醢、兔醢……"

《元史·志第二十三·祭祀一》记载郊祀时用兔。至大三年冬至,祭品中有十二只兔。次年四月也如此。又记载祭祀"豆之实,芹菹、韭菹、菁菹、笋菹、脾析菹、糁食、鱼醢、兔醢……"这是用十二件豆的内容,如果只用八件豆,便没有兔醢了。

《元史·志第二十七·祭祀五》记载祭祀太社太稷时"光禄卿帅其属,入实笾豆簋……豆三行,以左为上……第二行,韭菹在前,鱼醢、兔醢次之……"

这些祭祀有一些共同特点:用兔或兔肉酱,兔肉酱都盛在高脚盘(豆)里。

对于活着的人来说,兔肉是美味的食品,古人祭祀祖先时"事死如事生",把自己的美食献给祖先。兔肉、兔肉酱又可以献给别的神明,人们相信他们会喜欢,会像自己一样爱吃这美味。

祭祀用兔

鸡与兔　面塑　1992年征集　山西定襄

面塑的产生,源于人们对美的追求和受传统俗文化的影响。面塑循节应时,随风入俗,自然地成为民俗文化的组成部分,既丰富了民俗活动、民俗文化,又被赋予了深刻的内涵和丰富的寓意。利用面塑表示祭奠,在民间极为普遍。在全年各个节岁节日的祭祀活动中,花馍的造形更是绚丽多彩。

这件面花别出心裁地表现草篮中挤满了小鸡与白兔,用简括手法较好地刻画出两种不同动物的形态特征,并在篮旁塑制花果作为装饰。鸡兔同篮,内容颇为别致。按古代传说,太阳中有金乌,月宫中有玉兔,后世习惯以金鸡玉兔象征日月。

望月而孕的讹传

吴裕成

卯酉为日月之门，日升于东方卯位，而含西酉之鸡，月升于西方酉位，而含东卯之兔。明代郎瑛《七修类稿》说生肖，称此为"阴阳交感"。随后，又谈到兔和鸡的所谓"感而不交"：

兔舐雄毛则成孕，鸡合踏而无形，皆感而不交者也，故卯酉属兔鸡。

仍以酉鸡、卯兔对举：鸡踩蛋，说是"合踏而无形"；相对应的，是"兔舐雄毛而成孕"。并认为，兔与鸡的"感而不交"，是它们分别做卯和酉的属相的重要原因。这类见解，也见于明代王逵《蠡海集》：

卯酉为日月二门。二肖皆一窍；兔舐雄毛而孕，感而不交也，鸡合踏而无形，交而不感也。

月宫玉兔　灵璧石

卯兔酉鸡，两种生肖动物，对于它们的繁殖方式，古人竟也存有相似的误解，实在是对它们的双双对举做足了文章。

然而，对兔类说来，雌舐雄毛，"感而不交"而受孕这种想当然，在动物学面前过不了关。同样，鸡的"合踏而无形""交而不感"，也是一种讹传。公鸡的交接器很小，以致于古人忽视了它的存在。其仅仅是泄殖腔肛道壁的三个突起，位于射精管在泄殖腔开口处的稍后方，即靠肛门方向。公鸡跳上母鸡背部，所谓"合踏"之中，雄雌泄殖腔紧贴交配，公鸡射精。合踏不是无形而是有形的。

将兔类的生殖说成"感而不交"，这误解紧扣着玉兔、月亮的传说，在古代的以讹传讹中，是很有代表性的一种。

讹误有二。第一，兔子，吐子。《埤雅》讲，"吐而生子，故谓之兔"。宋代的话本小说，更把此说敷衍为父吃子而吐兔子的故事。《武王伐纣平话》讲，商纣杀了姬昌的儿子，剁成肉酱，令被囚禁的姬昌吃下。姬昌明知是亲生儿子的肉，还是吃下了，并装出很高兴的样子。纣王由此相信姬昌并不是什么贤人，不会对自己构成威胁，便将他释放了。姬昌跑到远离纣王的地方，吐出吃下的东西，吐出的碎肉全都变成了兔子。姬昌是周武王的父亲，武王伐纣，灭商建周，尊姬昌为文王。

第二，天下雌兔只需望一望月亮里的玉兔，即可以孕育后代了。"兔望月而孕，自吐其子"，晋代《博物志》说。

楚辞《天问》的"顾菟在腹"，那瑰丽的天体神话，也被人类误解。宋代的《尔雅翼》说："月惟望一日满，余时缺。兔亦缺，以类相从。故说者以为天下之兔皆雌，顾兔为雄，

月宫蟾　唐代　桂龙凤纹葵花镜

故皆望之以寘气。"月有圆缺，圆时只在望日，缺时多。兔缺唇，由此讲兔与月"以类相从"。《尔雅翼》还说，当时有种风俗，"卜兔之多寡者，以八月之望"。八月十五月光明亮，这一年里兔多，月暗则兔少。其依据，也在于"宣顾兔之气而孕"。

这一讹传，清代屈大均《广东新语·兽语》讲得更为明确："兔者太阴之精。一兔居于月腹而顾天下之兔，天下之兔皆望之而孕，故曰顾兔。上顾而下望，其精自口而入，故兔吐而生子。兔与月相为性命，鸡在日中亦然……"其口气之肯定，可算是积非成是的典型例证。

其实，古代已有人对此类谬传摇头说不。李时珍《本草纲目》写道："或谓兔无雄，中秋望月中顾兔以孕者，不经之说也。"所举论据两条：一是"雄兔有二卵"，以动物解剖学的实证，驳斥兔无雄之说；二是乐府《花木兰》"雄兔脚扑朔，雌兔眼迷离"之句，从文献学的角度驳讹指谬。

此外，还有一个话题也很有趣。

"天下之兔皆望之而孕"，以此推论，月中兔应是雄兔。可是，在唐代《传奇·裴航》中，玉兔下凡，分明化为美女云英。《西游记》"假合真形擒玉兔"一回书，编织月兔成精的故事：蟾宫中的素娥曾打了玉兔一巴掌，后思凡下界，投胎做了天竺国的公主。玉兔要报那一掌之仇，偷偷溜出月宫，将天竺国公主摄去，抛于荒野，自己假冒公主，还要与唐僧成亲。这玉兔，也变化成为女儿身。

故事讲，孙悟空识出她的妖气，追打至毛颖山。这时，太阴星君赶到，后面跟着嫦娥仙子——这似乎表明，太阴星君为男性。太阴星君请孙悟空手下留情，说："与你对敌的这个妖邪，是我广寒宫捣玄霜仙药之玉兔也。"小说作者想像，玉兔精与孙悟空对打，抵挡的武器，竟是玉杵。当时，孙悟空看出其妖气，尚未辨别是哪路妖怪。只见那妖手舞"一头壮，一头细"的短棍，"似舂碓白的杵头模样"，弄得见多识广的孙猴子不禁要问："你拿的是甚么器械"？兔精答得自豪、不含糊："仙根是段羊脂玉，磨琢成形不计年。混沌开时吾已得，洪蒙判处我当先。……这般器械名头大，在你金箍棒子前。广寒宫里捣药杵，打人一下

望月而孕的讹传

太阴星君

命归泉！"

　　这段故事，吸纳了月亮传说的新枝叶。广寒宫的主人，太阴星君居首，嫦娥则做了月宫娘娘——但旧时的《太阴星君》纸马，有时却不免将这一月神印为兔唇的女相。这暂且放下，仍说吴承恩笔下的月宫。嫦娥既为广寒宫里的第一夫人，自然也就没了空守寂寞的忧郁和伤感。值得一提的是，尽管天下之兔望月兔而孕的说法广泛流传，但《西游记》这段故事中的月兔，假合真形，所变化的却是公主——怎么能说玉兔是雄不是雌？另外，蟾宫里增个素娥，大约为侍奉嫦娥的女子。清代山东阳谷民间所印纸马，圆月之中，嫦娥和侍女文雅幽娴，玉兔在桂树下捣药，一副很投入的样子。此图说明，民间所传，依旧是嫦娥玉兔，相比之下，太阴星君的知名度要稍逊一筹。

　　后起的月神，还有月光菩萨。明代《帝京景物略》说：八月十五祭月，"纸肆市月光纸，绩满月像，趺坐莲华者，月光菩萨也。华下月轮桂殿，有兔杵而人立，捣药臼中"。清代《燕京岁时记》记此风俗："月光马者，以纸为之，上绘太阴星君，如菩萨，下绘月宫及捣药之玉兔，人立而执杵。"却原来，太阴星君即月光菩萨，民间都视其为女神。

　　虽然嫦娥的婚姻并不美满，但民间还是将月神作为婚姻之神。元代关汉卿《拜月亭》杂剧，与心爱郎君离别的女子，焚香拜月："愿天下厮爱的夫妇永无离分，教俺两口儿早得团圆。"明代冯梦龙编纂的《挂枝儿》有首《月》，思妇对月道情缘，祈求月光菩萨："月光菩萨，你与我去照察言观色他！我待他是真心，菩萨，他倒待我是假。"月光如水，柔情似水，月亮连着人间情思，高悬着团圆的希望。

　　月之主情爱，派生出月老——为婚姻牵红线的事，只有月下来做才好呢。明乎此，便可理解"月上柳梢头，人约黄昏后"绝不仅仅是以时间写意境了。月主婚恋，月中玉兔就只是忙着捣药吗？自然不是。"顾兔而孕"的传说，不仅讲着兔类的繁衍，也讲着人的生育。

　　由于月兔的传说，也由于"吐子"的诠释，再加上兔生殖能力强，兔与人间孕产之事有了许多瓜葛。1928年陕西《怀远县志》记："腊八剥兔脑和面为丸，名'腊八丸子'，临产催生最验。"兔脑催生，基于一种联想，成为风俗。至于制成"腊八丸子"以备临产之需，则是因为腊八为蜡祭百神的日子——多生的兔，又沾上蜡祭的神气，腊八丸子"临产催生最验"的俗信，便这样成为一地风俗。

　　这类俗信，也见于《本草纲目》："作腊月兔脑髓一个，摊纸上，夹匀，阴干，剪作符子，于面上书'生'字一个。"这被称为"催生散"。其炮制的过程，颇多神秘主义色彩，特别是那个写"生"字的环节，给了今人充分的理由指摘此法催生，与医药科学远些，和巫术迷信近些。

望月而孕的讹传

中秋祭月

化，亦令人惊异。古人以月神为阴精，而配太阳之德，继太阳之大明，而有夜明之光。太阳为"大明之神"，月亮则为"月明之神"，同列古代之祀典。

秋分日祭月

相传"帝喾高帝氏历日月而迎送之"，《尚书·舜典》中有"烟于六宗"之说。"六宗"乃日、月、星三"天宗"与河、海、岱三"地宗"之谓。西周以降，历代帝王于春分日祭日，而于秋分日祭月。直至清代，历朝历代祀典中都有专门祭月之仪式，称"夕月礼"。明清时代所建的北京月坛，即帝王祭月之所。

帝王祭月，在明代以前都是固定在秋分日进行的。在皇家看来，祭月重在礼敬夜明之神，秋分日有月无月、月圆月缺并不重要，秋分是阴气向上的时刻，避开此时而追求圆月之祭，是对月神的不诚不敬。所以，哪怕是秋分日下雨，也是要祭月的。秋分祭月和现在的中秋节，是有所不同的。

月神 塑神秘谱

月神，又名"太阴星君"。因其夜出，白天不见，故塑一戴云纹花冠，身穿袍裙，手捧一月球的天女之像。

汉民族自上古便有敬天礼地的习俗，月神崇拜古已有之。月亮与太阳、星辰等，同为先民明确之天体崇拜对象。月亮于太阳西沉后东升，能够为人类带来光明；而其阴晴圆缺之变

北京月坛

月神信仰自殷、周时代开始上升为天子礼天的礼制组成部分。周礼是因俗制礼，天子礼月显然是建立在华夏月神信仰基础之上的，由此，天子的礼月才能获得足够的信仰合法性。礼月是巩固统治政权的政治仪式，也是建立文化制度的需要。

在汉民族文化发展历史上，礼仪和风俗的演变在诸多领域皆呈现礼退俗进的趋势。隋唐时代的繁荣，逐渐激发了民间在仲秋祭月时节的玩赏之风，赏月之风和民间流传的祭月风俗逐渐合流。由于民间信仰表达的相对灵活性，人们并不需要刻意追求在秋分日祭月，所以，最接近秋分点的一个满月日，就成了这一秋月祭赏之节最佳的选择，这就是夏历八月十五。

中秋节赏月

中秋赏月，自古以来蔚为风尚。

"中秋"一词早已有之，《周礼》中即有"中秋献良裘""中秋夜迎寒"的记载，但那时的"中秋"只是单纯的月令时间，并无节日之意。中秋成为节日，是唐宋以后的事，由仲秋时节的月神祭祀发展而来，正如我国诸多传统佳节多由节令演变而来一样。

华夏传统历法中，将每一季节分为"孟、仲、季"三个月，仲秋处秋季之中，跨越白露和秋分两个节气时段，所以，秋分的祭月之俗

砂胎三彩月神　清代

为仲秋的望日——八月十五成为"中秋节"预设了时间条件。

唐代没有中秋节，但文人有八月十五玩月吟诗的风气。唐代，最富有传奇色彩的就是唐玄宗游月宫的传说了。

相传唐玄宗与申天师及道士鸿都中秋望月，突然玄宗兴起游月宫之念，于是天师作法，三人一起步上青云，漫游月宫，但宫前守卫森严，无法进入，只能在外俯瞰长安皇城，在此之际，忽闻仙声阵阵，清丽奇绝，婉转动人！唐玄宗素来熟通音律，于是默记心中。这正是："此曲只应天上有，人间哪得几回闻！"日后玄宗回忆月宫仙娥的音乐歌声，自己又谱曲编舞，这便是历史上有名的《霓裳羽衣曲》。

唐王游月宫铜镜　宋代

唐王游月 年画 天津杨柳青

晚唐人郑綮《开天传信录》载有唐明皇李隆基游月宫事。李隆基自言："吾昨夜梦游月宫,诸仙娱予以上清之乐,寥亮清越,殆非人间所闻也。"此图即绘李隆基游月宫之情景。

昊天明月逐渐披上了人情的薄纱。宋代文人中秋玩月多伴随着宴饮聚会,这一形式为都市富户效仿,造成了一种娱乐享受的氛围,影响整个社会。北宋中期形成了以文人官僚的诗筵笔会和市民宴饮玩乐并行的大众化的准节日。从北宋末开始,中秋的节义有了更不一般的内涵。破碎了的山河,使中秋的圆月弥足珍贵。"团圆"含义的加入,使中秋节俗的内涵变得更加丰富。南宋正式定"中秋节"后,衍为中国人重要的全民节日之一。

嫦娥变月神

中秋节,又称"仲秋节""团圆节",是"祭月之节""月神之节""团圆之日"。因时在农历八月十五,恰值三秋之半,故名"中秋"。中秋节,是祭月、赏月的节日。

月神原为自然神祇,后来被人格化,成为月神。我国民间则视嫦娥为月神。

"嫦娥奔月"是千百年来流传于我国民间的一个美丽而又充满幻想的神话故事,源自古人对星辰的崇拜,最早出现于我国战国时期。到了汉代,这个故事几乎家喻户晓,不过汉以前的嫦娥叫"恒娥",因汉文帝名叫刘恒,为避帝名讳而改名叫姮,又叫嫦。故事起因是:羿射九日,得罪天帝,与妻嫦娥同贬为平民。羿要长生不老,从西王母那里求得不老药,被嫦娥偷食。羿发觉时,嫦娥已拔地而起直奔月宫而去。

我国东汉伟大的天文学家张衡在其天文著作《灵宪》中说:"羿请不死之药于西王母,姮娥窃以奔月……姮娥遂托身于月,是为蟾蜍。"这实际上是古人发现了月亮上的高山和枯海所形成的阴影,于是就把它形象比作蟾蜍或玉

嫦娥奔月图 画像石 汉代

兔，并将其与神话附会在一起，变成美丽的神话故事。1964年3月，在河南省南阳市西关发掘一汉墓，其中一块汉画像石上刻画的就是嫦娥奔月。画面左上方刻一月轮，内有蟾蜍；其右刻一女子为嫦娥，人首蛇躯，头梳高髻，身着宽袖长襦，后拖曲尾，有双爪，双手前拱，面向月轮作飞腾状；画中散布九颗星宿，空间饰以云气。南阳汉画像石除了嫦娥奔月以外，还有很多刻有日轮、月轮、月食、玉兔、星宿的画面，这些图像与文献中的记录结合起来，可被称为图文并茂的汉代天文史册。

"嫦娥奔月"的民间故事，在我国千古流传。此神话又衍化为"嫦娥捣药"，谓嫦娥窃药奔月，化为蟾蜍，于月中任捣药事。李商隐《寄远》诗云："嫦娥捣药无穷已，玉女投壶未肯休。"李商隐《嫦娥》诗又云："云母屏风烛影深，长河渐落晓星沉。嫦娥应悔偷灵药，碧海青天夜夜心。"嫦娥奔月后，其心境之落寞，增添了故事的凄美之感。

拜月神风俗

民间以农历八月十五为太阴星君之诞辰。是夜月光分外明，入夜以后，面对当空皓月，摆香案、点红烛、供四牲、焚香膜拜，此为民间祭月神之风俗。

月神，即太阴星君，民间又称"夜明之神""太阴娘娘"或"月娘"。

月宫嫦娥 中国画 清代 高其佩

嫦娥图 中国画 近现代 张大千

月宫镜 唐代

八瓣葵花形，内切圆形，一桂树，树干上部盘曲成镜钮，上端枝叶茂盛，右侧玉兔捣药，左侧仙女飞舞，下部一蟾蜍，为唐代流行之月宫纹饰。

月神画像砖 汉 四川省博物馆藏

太阴星君为女神，旧时民间拜月多由妇女主祭。以月神能主宰人间婚姻，媒人之称"月下老人"即源于月神信仰；中秋"送瓜求子"之风俗，亦属月神信仰的延伸。我国台湾称月神为"太阴娘娘"。祭祀习俗源于原始信仰的天体崇拜，主要是祈求给人带来光明。桃园县大溪镇的普济堂有专祀月神的庙宇，名为广寒宫。据说这里的太阴娘娘十分灵验，除可保佑求祈者有良好的职业，而且在孩子营养不良、多病时，也可祈求平安健康。

古代帝王有春天祭日、秋天祭月的礼制。那时候，平民百姓还没有祭祀的权力。后来这种祭祀活动流传于民间，礼仪式的皇家祭神行为变成了大众化的功利性民俗活动，祭月、赏月也交织在一起，并逐渐形成了一种风俗沿续下来。

中秋节前，家家户户置办月饼、酒肉等供品。北方各地的人们大多赶集请几个月亮神，北京叫"兔儿爷"，济南叫"兔子王"，加以祭祀。"兔儿爷"、"兔子王"是抟泥制成的兔首人身、上衣下裳、踞坐状的彩塑，原本为祭月用具，后来逐渐成为孩童的中秋节玩具和中秋节

双鹊云龙纹月宫镜　宋代
　　圆形，半圆钮，镜背纹饰呈浮雕。上方为圆形月宫图，内有桂树、蟾蜍和捣药玉兔。月宫图两旁各有祥云一朵。镜钮左右为双鹊纹，长羽飘摇，展翅飞翔，下方为出水蛟龙，两旁亦饰祥云。

居家的摆设用品。中秋节前几天也逐渐演变成亲友之间联络感情的日子，相互"走动"，互赠节礼。

在过去，到了中秋节这天晚上，人们把自制的带着祈愿的月饼和瓜果摆到供桌上，待到月上中天时，焚表烧香拜祭月神。旧习有"男不拜月，女不祭灶"的说法，所以住在娘家的妇女这天必须回夫家过节。妇女拜月，有祈求家庭平安和人丁兴旺的内涵。民间有《拜月娥》：

　　月娥姐、月明明，月中有株婆娑树；
　　婆娑树上挂紫微，紫微星出保夫星；
　　保男保女接宗支，枝叶兴旺生好子；
　　月娥出来免灾星，家中添财又添丁。

随着时间的推移，拜兔儿爷的叩头仪式渐渐改为由小孩子进行了。

当然，祭祀月神的供品主要看谁家的供品做得好，以月饼、时令瓜果为主。过去，月饼多为自家制作，有两种捏塑形式：一是直接用手捏塑，月饼做成三到五层，中间一层塑有"嫦娥奔月""兔儿爷""月神""莲生贵子""凤穿牡丹"

月神　清代　广东佛山祖庙
　　女神伫立于祖庙山门旁的端肃门侧壁间隙处。她一手抚腰，一手举宝镜，足踏祥云，回眸嫣然微笑，神情娴雅，姿态优美，与对面崇敬门上的日神像相呼应。

愿月常圆

"桂花"等图案,并用食用色勾画轮廓,边沿捏出花边儿,上面嵌上大红枣、冰糖等;二是调和好白面,放入桂花、枣泥,用模磕出月饼,模磕出的月饼各式各样都有,以吉祥瓜果、鸟兽形象居多。随后,把做好的月饼选择蒸、烤、烙、炸等不同工艺做熟。不同种类、不同工艺的月饼大小不一。大者有尺余,像锅盖,小者如柿饼,也有碗口大小的;有的数层相叠,有的平面雕饰,也有的木梳压叠,别具一格。上供瓜果为当地中秋盛产之物,如北方地区以苹果、梨、石榴、桃等居多,广东潮汕一带流行以芋头等入供。另外,上供瓜果也有不少规矩,如西瓜要切成莲花形十二瓣,暗喻一年中有十二个月。祭月撤下来的供品,由长辈分给晚辈,全家一同赏月、吃月饼,寓意团圆。

另外,我国有二十多个少数民族也过中秋节,但习俗各异。如朝鲜族多搭"望月架"探月,而广西壮族则在竹排上以米饼祭拜月神。在少数民族中同样盛行着祭月、拜月的风习。云南傣族在中秋之夜盛行"拜月"风俗。傣族传说,月亮是天皇第三个儿子岩尖变的。岩尖是个英勇刚强的青年,他曾率领傣族人民打败

过敌人,赢得了傣族乡亲的爱戴。后来,他不幸死后,变成了月亮,升向天空,继续发出柔和的月光,在黑暗中给傣族人民带来光明。每逢中秋节这天,小伙子一清早就带上火药枪上山打火雀、野鸡,猎取节日野味。姑娘、媳妇们忙着到湖边、池塘里抓鱼。他们都忙着准备节日的晚餐。老阿妈则忙着舂糯米,做大小不同的食物。四只桌角上各放一个糯米圆饼,每个饼上插一炷冷香。待到月亮从山林上空一升起来,就点燃冷香,全家大小开始"拜月"。然后,对空鸣放火药枪,以示对英雄岩尖的敬意。最后,全家老小欢乐地围坐在小方桌旁,品尝食物,谈笑赏月,尽兴方散。鄂伦春人祭月时在露天空地放上一盆清水,摆上祭品,然后跪在盆前向月扣拜。土族人用盆盛清水,使月

蟾蜍为精与兔儿爷　木刻饼模　西藏

亮的倒影映到清水盆中,然后,人们不停地用小石子打盆中的月亮,俗称"打月亮"。广西西部壮族的"祭月请神"活动更典型。每年夏历八月中旬,有的就在中秋夜,人们在村头村尾露天处设一供桌,供放祭品和香炉,桌子右边竖一根高约一尺的树枝或竹枝,象征社树,亦作月神下凡与上天的梯子。这里保存了古老的月亮神话因素。整个活动热闹非凡,共分为四个阶段:请月神下凡,由一名或两名妇女作为月神的代言人;神人对歌;月神卜卦算命;歌手唱送神咒歌,送月神回天。

我国幅员辽阔,虽说"千里不同风,百里不同俗",却异曲同工,彰显出中华民族深厚的文化底蕴。

姐妹拜月　剪纸　广东潮阳　马凤仙

中秋祭月

桂序升平(局部)　年画　清代　天津杨柳青

《清稗类钞》:"中秋日,京师以泥塑兔神。兔面人身,面贴金泥,身施彩绘,巨者三四尺,值近万钱,贵家巨室多购归,以香花饼果供养之。禁中亦然。"此图反映了过去民间中秋节日的"拜月"风俗。

蛇盘兔，必定富

蛇盘兔　剪纸

鹰踏兔　剪纸

《鹰踏兔》是民间洞房的喜花之一，也是传统纹样，在民间流传极广。鹰喻"阳"，同鸡、鸟、鸦一样。民间神话中称太阳为"三足鸟"，民间称太阳为"鸦"。兔寓意"阴"，民间称月为兔。鹰踏兔暗喻男女情爱，反映了生殖崇拜的主题。

民间剪纸中常见的坐帐花、喜花都以隐喻的方式表达出人们对生命繁衍生息的崇拜与追求。在我国陇东、陕北、晋西北等黄土高原地区，有以蛇盘兔、鹰踏兔为题材的民间剪纸，隐喻婚姻美满。

以"蛇盘兔"为题材的民间剪纸，蛇身盘绕，中央有一兔，蛇与兔的头相对，成螺旋状。当时民间流传着"蛇盘兔，必定富"的说法。

兔的祥和

兔的繁殖力很强，每月可生育一窝小兔。家养的母兔一年可产仔180只以上。关于兔的受孕和生育，古人有很多误解。王充《论衡·奇怪篇》说："兔吮毫而怀子，及其子生，从口而出。案禹母吞苡，高母嚥燕卵，与兔吮毫同实也。"以为雌兔怀孕是舔吮了雄兔的毫毛，"感而不交"便可生育。生小兔时，又是从口中吐出。陆佃《韵会》说：兔，吐也。明月之精，视月而生，故曰明视……咀嚼者九窍而胎生，独兔八窍，五月吐子而生。"这种说法以为雌兔只要望月便能怀孕。在古人心目中，兔子既容易怀孕，又多生多育，所以将兔作为生的象征之一。《尔雅·释兽》说："兔子曰娩。"兔之子就称为分娩之娩。

兔子的生育能力，启发人们对自己生殖力量的祈求。上古时期，可能产生了对兔的生殖崇拜。后来，又有人试图对兔的生育作出解释，于是有了"兔舔雄毫而孕，及其生子，从口中出"，兔"望月而孕"等说法。人们对兔的生殖能力的羡慕，可能是人们对兔产生好感并将兔想象为月中神兽的原因之一。

兔不犯众物，更不伤人，又机警活泼，因

此人们又把它看作祥和的象征。

生与祥和，是兔的主要象征意义。此外，如前所述，兔又象征着高速度。

我们还可以对照东非卡古鲁族中流传的"鬣狗和兔子的故事"，来看看兔的象征意义。

故事说，在一次大饥荒时，野兔子和它的舅舅鬣狗商量度过饥荒的办法。鬣狗提议把自己的母亲和兔子的母亲杀死再卖掉。兔子勉强表示同意。它们决定，先杀鬣狗的母亲。鬣狗的母亲到处逃命，但最后还是被杀。鬣狗和兔子卖了鬣狗母亲的肉，但不久食物又缺乏了。兔子知道这次该轮到杀自己的母亲了，心里很担忧很痛苦，就想了一个办法欺骗鬣狗。兔子出去打猎，打到了鹿，它把鹿肉交给鬣狗，谎称是自己母亲的肉。鬣狗很高兴，与兔子一起去卖了鹿肉。然而饥荒还没有过去，鬣狗终于饿死了。兔子欺骗了鬣狗，保全了母亲，躲在洞穴的母亲帮助兔子度过了长期的饥荒。兔子和母亲一起，生活得很幸福。

这个故事的收集者贝尔蒂曼认为，可以把这个故事看作是社会结构的反映。故事中的鬣狗及其母、鬣狗的外甥兔子、鬣狗的妹妹兔子妈妈四个角色，表示着卡古鲁族母系大家庭世系的基本关系。在这个故事中，鬣狗是不遵循道德秩序的叛逆者，兔子是道德秩序的遵守者，而兔子战胜了鬣狗。这个传说是卡古鲁族社会关系的象征性表现，讲述着卡古鲁族应该遵守的社会秩序。日本小松和彦认为，兔子是卡古鲁族的"文化"、社会秩序和生存的象征，鬣狗则是破坏这些的"自然"、无秩序和死亡的象征。

兔子象征着生，这与中国传说中的兔的象征意义相近。

动物的象征意义应该与这种动物的习性特点一致，如虎不能象征懦弱、狼不能象征善良、猴不能征蠢笨、兔不能象征凶狠。不同时代、不

喜娃 剪纸 山西新绛

这类喜娃剪纸多贴于新婚洞房之内，生育之意盎然。喜娃广泛流行于黄河中上游地区，在千百年的流传中，产生了多种变体，但其作为繁衍之神的基本意义不变。喜娃的造型都有男女之分，并饰有莲花、鸡、鱼、鸟、笙、兔等具有性的象征的符号。陕北民谚云："娃娃坐莲花，两口子好缘法。"意谓婚姻美满，子孙绵延。

蛇盘兔戏金蟾 剪纸 山西吕梁

蛇盘兔与蛇盘蛙的合体与变体。金蟾，谐音"金钱"。此图寓意大富大贵并有繁衍后代的意义。

同地域、不同民族的人们，对同一种动物的认识可能有所差别，但赋予此种动物的象征意义总会有相似之处。

在古今中外大多数人的心目中，兔子善良、活泼、可爱。相当多的人注意到兔子的生殖能力强、不伤害别种动物的特点，把兔子作为生的象征。月中有兔，兔是月亮的象征，而月光可以由晦转明，如起死回生。所以，可以说，玉兔捣不死之药等等，都是由生的象征意义而来的。

传统节日中的兔造型民间艺术品如年画中的兔、剪纸兔、兔灯、兔型形具等，体现着兔象征吉祥的意义。

蛇盘兔的传说

"蛇盘兔，必定富"，这一在山西、陕西以及甘肃某些地区广泛流传的谚语，似乎不仅限于对男女婚嫁的祝福，其民俗学上的吉祥意义具有相当的广泛性。山西吕梁地区在丧葬礼俗中也常用"蛇盘兔"的剪纸纹样。至于在婚嫁礼俗中用"蛇盘兔"的纹样装点洞房，自然也不限于蛇兔两属相的男女结婚。

类似的谚语如"喜珠石榴蛇盘兔，荣华富贵必定富"，以及"蛇盘兔，家家富"等，似乎也不局限于婚姻范畴。旧时论婚讲究十二生肖相生相克之说，有不宜相配的禁忌，也有最佳的组合，如"青兔黄狗古来有，万贯家财足北斗"，"红蛇白猴满堂红，富寿双全多康定"等等。问题是为什么没有"狗缠兔"或"蛇盘猴"之类的剪纸纹样，而偏偏要钟情于"蛇盘兔"呢？一种说法认为：

在原始社会，相传以蛇为符号的部落与以兔为符号的部落产生了矛盾互相厮杀。幸亏两

蛇盘兔蝶恋花　剪纸　山西吕梁

蛇盘兔喻夫妻合谐美满，蝶恋花亦有此内涵。取对称图形，具有双重意义。

蛇盘兔　剪纸

位明智的酋长怜惜生灵，通过谈判取得和好，并合为一个部落，最后兴旺发达，强盛起来。从此"蛇兔团结"传为佳话，还编出了"蛇盘兔，必定富"的谚语流传至今，作为美满幸福的象征用于男婚女嫁。

将"蛇盘兔"引入图腾说，似有想当然之嫌，远古以蛇为图腾者常见于记述，而以兔为图腾者，中国尚未发现。

明代叶盛《水东日记》卷二有"葬地蛇盘兔"一则云：

居庸以北，俗择葬地以验蛇盘兔为上，昌平侯杨洪赤城葬母处亦然。意者，地气温暖，二物皆穴焉。偶相值而相持，亦适然耳。昧者到争地盗葬，讦讼连年，惑哉。

在风水先生的意识里，"蛇盘兔"原本是讨论坟地地形走势的，就如"龙包虎，出文武"的口诀一样。然而"龙包虎"永远不能发生，"蛇盘兔"却偶尔能于田野间看到，如同风水中所云"牛眠地"一样，这无疑又给"蛇盘兔"之说增添了令人信服的力量。于是此说不胫而走，并因与生肖有关，从而又向婚姻延伸。至于此说与年成的关系，也是连类相厦的缘故，并不费解。蛇一般以鼠、蛙等小动物为食，兔子身大又跑得快，为蛇所困，当属偶然。人们若见此情况，惊诧之余盼得一个好兆头也是人之常情，这正是"蛇盘兔，家家富"一类谚语在部分地区广为流传的群众心理基础。

蛇盘兔的传说，源自一个关于吉祥与幸福的故事。故事由追求幸福者所流传：

很久以前，世界由十二种动物主宰：鼠、牛、虎、龙、马、羊、猴、鸡、狗、猪，还有一只可爱、天真的兔子和一条蛇。

动物们参加兔子的宴会，他们围绕在美丽的兔子身旁，赞美她、讨好她。蛇盘踞在角落里，谁也没有注意他。

蛇爱慕着兔子，他想过去缠住兔子，向她表达他的爱意，但又怕吓坏了这个快乐的精灵。

兔子终于发现了角落里的蛇。蛇用兔子从没见过的眼神凝望着她。兔子过去邀蛇跳舞，可蛇却拒绝了她。兔子很难过，伤心地哭。

动物们都来安慰兔子。而蛇，仍盘踞在角落里。

兔子想：为什么蛇要这样对我呢？

也在这个时候，兔子满脑子都是蛇，兔子的心里，也只有蛇了。

兔子不哭的时候，动物们各自散去，只剩下可爱的兔子和可恶的蛇。

蛇爬过去，缠住兔子，他问兔子："你在恨我吗？"

兔子不理蛇。

蛇又问："我缠着你，好吗？"

兔子不理蛇。

蛇说："我们可以永远这样在一起，也可以各自离开。"

兔子说："我向左走，你向右走！"

蛇对兔子说:"背道而驰的我们会再次重逢,因为世界是圆的。"说完蛇松开兔子,独自爬走。

兔子的眼泪终于流出来:"别离开我!"蛇于是又缠住兔子。蛇的目光中充满着温柔与冲动。

他们恋爱了。

过了两年,他们的甜蜜开始变得平淡,成天为生活奔波。离开兔子的蛇,恢复了往日的冰冷和凶残。兔子在蛇离开的时候,感到非常寂寞和孤独。

蛇和兔子的距离越来越远,兔子开始怀念被大家围绕的感觉。

蛇的温柔和对兔子的思念,都藏在内心。恶劣的环境让蛇变得越来越沉默。兔子觉得蛇已不再爱她。

终于,一次在蛇一次捕猎时,兔子投入了狗的怀抱。兔子决定要离开蛇。

蛇回来了,没有了兔子,他很伤心。

蛇的心其实很脆弱,于是蛇重回角落。

然而,蛇对兔子的思念一天比一天强烈。终于有一天,它缠住了兔子。可是兔子已不再是那个天真快乐的她。

蛇逐渐绝望,只有泪是热的。

兔子说:"你走!"

蛇还在挽回:"你不需要我的缠绕吗?"

兔子说:"我们有太大的距离。"

蛇无语。它看见兔子的眼神里充满着哀怨。

蛇再一次紧紧地缠住了兔子,"你要记得这次拥抱!"

兔子说:"我会记得!"她挣脱了蛇的缠绕,消失在尽头。

蛇失落地离开。他走了之后,却不知道,兔子又回到了分手的地方,凝望着蛇消失的方向。

兔子发现她爱的仍然是蛇。"你为何不留住我?"

以后,蛇没有再缠绕过谁,却变得狠毒,长出毒牙,捕猎也不再缠绕,而是以毒牙捕杀。动物们更加憎恨蛇,大家都叫他"毒蛇"。

兔子再也找不到被蛇缠绕的幸福。她开始明白,原来幸福就是像被蛇缠绕一样。

几千年就这么过去了,后来这个世界变得更广阔,人们期盼着幸福不再被自己错过。

蛇盘兔 剪纸

蛇盘兔 剪纸 山西平定

兔的迷信与禁忌

王 迅

早在周代，人们就把兔的异常活动看作一种灾祸的征兆。后来，关于兔的迷信和禁忌一直在民间流行。

一、兔与灾难的迷信

《初学记》卷二《地部下》引《竹书纪年》：周昭王十九年"祭公辛伯从王伐楚，天大曀，雉兔皆震，丧六师于汉。王陟"。

周昭王

中国周朝第四代王。从昭王十六年开始，亲率大军南征荆楚，直至江汉地区，大获财宝，铸器铭功。昭王十九年南攻楚国，全军覆没，昭王死于汉水之滨。南征的失败，是周王朝由盛到衰的转折点。

这是西周早期周王朝遭到的一次严重失败。当时，江汉地区的楚国壮大起来，率领南方、东南方的一些方国、部落侵犯周的疆土。昭王率领大军亲征楚国，楚军失利，当时南夷、东夷来见的有二十六邦。汉水流域的人民对这次南征不满，他们用易溶解的胶粘了一条大船，渡昭王过汉水。船到中流解体，昭王溺死，周军六师几乎全部覆没。从此，周王朝失去了控制南方的力量。

另有一种说法是，昭王十九年南征丧失了周军六师，昭王逃回。在另一次南征中，昭王淹死。

在昭王南征中，"天大曀，雉兔皆震"的现象，随后是"丧六师于汉"的重大军事失败。天昏地暗，野鸡和兔子的异动，都被记录下来，作为战争失利的前兆。

周代的史官不仅要记载国家发生的事情，而且要记述天象灾异，并加以解释。对于昭王南征时的"雉兔大震"，虽未解释，但显然将这种现象当作与"丧六师于汉"有密切关系的重要情况。为什么兔子的异常活动预示着战争的失败呢？大约是人们把兔当作一种很有灵性的动物，认为它能预感到即将到来的大事件吧！

《水经注·涑水》引《竹书纪年》说："晋献公二十五年正月，翟人伐晋，周有白兔舞于市。"翟人是北方少数民族，与晋国交往较多。晋献公二十五年，本来是晋国先伐翟，当时晋公子重耳正在翟避难，翟人为保护重耳，也攻击了晋地，晋军退去。"周有白兔舞于市"怎么会与这次军事冲突联系在一起呢？这是因为兔本来怕人，跑到市场上舞动是一件怪事，这件怪事又偏巧发生在翟人伐晋的时候，人们便误以为这两件事有关，兔子有灵性，知道了远方的战事。

兔　剪纸　山东　顾晓梅

另外，古人对白兔有一种奇怪的偏见。野兔中白兔少见，偶有人见到白兔，便疑心要发生什么大事了。比如东汉桓帝永康元年十一月，西河人说看见白兔出现，十二月，桓帝驾崩。白兔的出现似乎预示着皇帝之死，于是被记载于《后汉书·孝桓帝纪》中。白兔本身就被认为是怪异，何况还要跑到市中跳舞，更令人莫名其妙，生出悬想。

二、与兔有关的巫俗

在远古时代，巫术活动是重要的文化活动。进入文明时代以后，巫术活动长时期延续，在中国的历史文化中刻下深深的印记。有的巫术活动被载入历史书籍，有的巫术活动反映在古代的文化遗物上。这些文化遗物多数被埋藏在地下，一旦发掘出来，研究者们又可以从中了解古代巫文化的某些内容及其所反映的巫术心理。还有一部分民间残存的巫俗，这是不需要从地下去发掘的文化遗存，其中有的与兔有关。

陕北农村新建窑洞竣工前，要举行"合龙口"仪式。窑门口顶部正中留一个缺口，放入合龙石。过去，还有用兔子、公鸡、野鸡三种动物的心脏放进合龙口小洞的习俗。合龙口旁悬挂筷子、毛笔、墨、皇历和装着小麦、谷子、高粱、玉米的红布袋及五色布条、七彩丝线等。

选择墓地，曾有"葬地蛇盘兔"之俗。明代叶盛在《水东日记》卷二中说："居庸以北，俗择葬地以验蛇盘兔为上，昌平侯杨洪赤城葬母处亦然。意者，地气温暖，二物皆穴焉。偶相值而相持，亦适然而。昧者至争地盗葬，讼讼连年，惑哉！"为了得到一块"蛇盘兔"的墓地，竟有人争地盗葬，引起连年的诉讼，可见此种习俗在当时十分盛行。

今天，在陕西、山西的剪纸和花灯中，仍有一种把蛇与兔安排在一起的造型，称为"蛇盘兔"。当地人们传说"蛇盘兔，必定富"，又认为男属蛇，女属兔的婚配是理想的婚姻。这种认识，源于古人的巫术心理，由此产生的习

蛇盘兔 剪纸

俗，仍透出巫俗的色彩。

三、食兔的禁忌

与兔有关的种种禁忌来源不一，有的是从遥远的古代流传演变而来的，也有的产生较晚。

对于猎兔的禁忌不知起源于何时，可能最早出现于把兔奉为神灵的地区。在内蒙古西部的一些农村中，一方面有人把捕兔当成一种副业，另一方面又有人反对捕兔，还流传着"打狐狸、套兔子，一辈子穿不上好裤子"的说法。另有一种迷信的说法：打的生灵多了会招报应。在当地作为猎物的生灵中，兔子是最多的，所以实际上，也就是说打的兔子多了会有恶报。

关于吃兔肉也有禁忌。在中国，这一禁忌与宗教关系不大，有的人只忌兔肉而并不忌别的家畜肉和野味。一般人忌吃兔肉主要是忌野兔肉。我认识的几个青年人到北京门头沟山区旅游，在饭馆吃野兔肉，当地村民劝他们不要吃，说野兔肉和蛇肉都吃不得，吃了会有灾。这几个青年人哪里肯信，吃过野兔肉继续登山戏

水，晚上平安回家。

猎兔禁忌、食兔禁忌在客观上对自然保护有一定好处，但是这样的禁忌是靠迷信来宣传和施行的，所以并不可取。

有的地方存在着孕妇不能吃兔肉的古老禁忌，当地的一些人认为，孕妇吃了兔肉，胎儿就会像兔子一样长成三瓣嘴。这种说法是很荒唐的，既然不忌牛肉、羊肉，为什么不怕孩子长出牛嘴、羊嘴？这种迷信也很容易被实际行动攻破，如果孕妇吃了兔肉而日后生的孩子健康正常，就说明禁忌没有道理。然而有的人还是不敢这样做，抱着"宁可信其有，不可信其无"的想法，遵守着这一禁忌。

实际上，这个禁忌，早在东汉时期就有了。东汉王充《论衡·命义篇》说："……此谓三命。亦有三性，有正，有随，有遭。正者，禀五常之性也；随者，随父母之性；遭者，遭得恶物象之故也。故妊妇食兔，子生缺唇。"

显然，王充在这里记录了一个当时民间流行的禁忌，而并非自己提出一种迷信说法。不过，王充对这个禁忌做了些解释，说是"三性"使"妊妇食兔，子生缺唇"。兔子缺唇，在古人看来是恶物象，母亲曾食兔肉，"遭得恶物象"，孩子又"随父母之性"，便间接随了兔子，生成豁嘴。

这样一种迷信的禁忌，两千年来，竟然基本不变，而且从汉族人中间传播到某些少数民族中。与兔有关的文化现象的古老和连续性，由此可见一斑。

在国外，禁食兔肉或与宗教有关。如犹太教的禁忌中，有禁食兔、骆驼、猪、爬虫等内容。

禁食兔肉的原因多不可考，唯孕妇禁食兔肉的原因说得比较明确。关于一般人食兔肉的禁忌起源，我们可以根据兔的象征意义进行推测。

我们在前面谈到兔子繁殖能力强、不伤害别的动物，且兔子所象征的月亮看上去可以由缺变圆，由晦转明，如同再生，所以人们在传统上把兔子作为生的象征。原始初民重视生育、热爱生命，对于象征生或生命的动物便会有所顾忌，特别是像兔子这样的小动物，本来不是人们的主要食品，不吃它们的肉对人的生活没有多大影响，于是，在部分人中间，就产生了食兔肉的禁忌。在兔子成为月亮的象征之后，这些禁忌成为更多人的习俗。

生命的象征不可食，这一点在关于食血的禁忌中表现得最为突出。《旧约》第三卷和《利未记》以上帝的口气说："论到一切活物的生命，就在血中。所以，我对以色列人说，无论什么活物的血，你们都不可吃，因为一切活物的血，就是他的生命。凡吃了血的，必被剪除。"

兔子既然象征着生，禁食兔肉与禁食血的理由可能比较相似。

此外，禁食兔肉或许还有一些别的理由，比如人们认为兔子有缺陷和缺点，如豁嘴、胆小等。迷信的人们不愿因为吃兔肉而使自己的身体出现缺陷或者变成胆小如兔的人，这就又为食兔肉的禁忌制造了一些理由。

直至今天，仍然有一种迷信思想残存，认为吃了某种动物的肉，会获得这种动物的部分特点，可能是优点也可能是缺点。所以，古代的人们与此类似的想法或许也成了禁食兔肉的原因。

在中国，关于食兔肉的禁忌一般对人们的约束力不大，因而真正忌食兔肉的人并不多。有时人们半信半疑，一方面，对于捕兔、食兔肉的害处津津乐道；另一方面，自己并不遵守有关禁忌。尽管如此，这些禁忌还是长期流传，至今仍有残存于民间者。

三、婚姻的禁忌

在婚姻方面，也存在着与兔有关的禁忌。

过去，有些地区流行着一种迷信说法："兔年婚姻夫妻长不了"，这样一来，兔年这一年中结婚的人就比较少。人们为了避开兔年，有的提早成亲，在虎年办完喜事，有的推迟到龙年嫁娶。在传统的旧观念中，龙年和虎年吉利、祥和，人们向往幸福，希望婚姻牢固、夫妻白头偕老，出于祈祐心理，选择龙年、虎年结婚，避开"夫妻长不了"的兔年，以为便可以化凶为吉了，实际上这也只是一种愿望。

为什么会产生兔年不宜成亲的迷信观念呢？相信这种说法的人也说不出多少道理，或许"兔年婚姻夫妻长不了"的说法是由"兔子尾巴长不了"引申而来的：婚姻要长久，要有一个好的结局，不能像兔子的尾巴。然而，兔子有其所短，也有其所长，为什么只看到兔子尾巴的短，却看不到兔子耳朵的长呢？兔子的尾巴象征着短，兔子的耳朵为什么又不能象征长久、长远呢？看来婚姻大忌的内容总免不了荒诞无稽，不仅不能有理有据，而且也很难说得头头是道。

此外，还有生肖相冲相克的迷信观念，其中有卯兔辰龙相害、卯兔酉鸡相冲、"虎兔相逢一代休"等说法，按照这些说法，属兔的人不能同属龙、属虎、属鸡的异性结为夫妻，否则就会相冲、相克。因此，兔与龙、兔与虎、兔与鸡这几组属相，都被看作属相不合，成为婚姻的禁忌。

生肖相克的迷信观念由来已久，汉代有五行相生相克之说，而十二生肖与五行相联系。王充《论衡·物势篇》记载当时有人说："寅，木也，其禽虎也。戌，土也，其禽犬也。丑、未亦土也，丑禽牛，未禽羊也……亥，水也，其禽豕也。巳，火也，其禽蛇也。子，亦水也，其禽鼠也。午，亦火也，其禽马也。"此外又有酉鸡、申猴属金、卯兔属木等说法。王充反驳生肖相克之说，反问道："午，马也。子，鼠也。酉，鸡也。卯，兔也。水胜火，鼠何不逐马？金胜木，鸡何不啄兔？"

在生肖与阴阳五行的对应关系上，说法并不一致，同一生肖，可以被特指的五行归属，特别是六十甲子与五行相结合，每一生肖均有五种。以兔为例，即有：乙卯属水得道之兔，丁卯属火明月之兔，己卯属土丛林之兔，辛卯属木蟾宫之兔，癸卯属金出林之兔。这样一来，本来被认为是相合的两种属相仍然可能由于五行相克而成为议婚大忌，使得婚姻因生肖相冲相害的禁忌更为繁杂。

十二属相图之一　年画　天津杨柳青

兔儿爷

兔儿爷是北京庙会上最常见的小孩玩具，更是旧时中秋节人们祭拜的神像。

兔儿爷的来历

长沙马王堆汉墓出土的帛画中已有白兔月中奔跑的形象，说明远至汉代，已有"月中神兔"的故事了。

北京兔儿爷的来历，与嫦娥奔月故事中的捣药玉兔有关。

民间传说，北京城里有一年闹瘟疫，致使大量百姓死亡。嫦娥看到此情景，心里十分难过，就派身边的玉兔去为百姓们治病。玉兔变成了一位少女，挨家挨户治好了很多患者。人们为了感谢玉兔，纷纷送东西给她，可玉兔什么也不要，只是向别人借衣服穿，每到一处就换一身装扮，有时候打扮得像个卖油的，有时候又像个算命的……一会儿是男人装束，一会儿又是女人打扮。为了能给更多的人治病，玉兔就骑上马、鹿或狮子、老虎，走遍了京城内外。直到消除了京城的瘟疫，玉兔才回到月宫。

于是，人们为了感谢玉兔，用泥塑造了玉兔的形象，在每年中秋进行祭祀。明代《北京岁华记》中，已有关于兔儿爷的描述："市中以黄土抟成，曰兔儿爷，着花袍，高有二三尺者。"明人纪坤的《花王阁剩稿》也称："京中秋节多以泥抟兔形，衣冠踞坐如人状，儿女祀而拜之。"《燕京岁时记》中说："每届中秋，市人之巧者，用黄土抟成蟾兔之像以出售，谓之兔儿爷。"

北京的兔儿爷

清末，兔儿爷已风靡京城。徐柯在《清稗类钞·时令类》中写到："中秋日，京师以泥塑兔神，兔面人身，面贴金泥，身施彩绘，巨者高三四尺，值近万钱。贵家巨室多购归，以香花饼果供养之，禁中亦然。"可见不管民间还是皇宫大内，兔儿爷都成了中秋必不可少的文化元素。

捣药玉兔
山东济南　周景福

兔儿爷　北京

兔儿爷

在清朝年间，上至北京东安市场的高级货店，下至各大庙会集市及繁华地区街摊都会有摆卖的"兔爷儿"。那时的兔爷儿，多是用泥模子扣出来的，也有手工捏的。除了头顶上那对长耳朵和画上的三瓣儿嘴巴露出兔子模样外，"兔爷儿"的身体、脸形、姿态都是人的样子。除源于清光绪年的一种金甲红袍、端坐于莲花塘上的正统型兔儿爷外，常见的兔儿爷大致分为戏曲角色型和生活型两类。前者脸谱穿戴，身段神气。后者更加人化，也更趋社会时尚，如剃头师父、或是缝鞋、卖馄饨、卖茶汤的……社会群相应有尽有。

即使到了民国年间，北京街头兔儿爷的摊子一过七月十五就摆出来了。前门五牌楼、后门鼓楼前、西单、东四等处，到处都是兔儿爷摊子，大大小小，高高低低，摆得极为热闹。

北京兔儿爷的形象，来源于月中的玉兔，却又不同。

人们按照月宫里有嫦娥玉兔的说法，把玉兔进一步艺术化、人格化，乃至神化，并用泥巴塑造成各种不同形式。最初的兔儿爷兔首人身，手持玉杵。后来有人仿照戏曲人物，把兔儿爷雕造成金盔金甲的武士，有骑狮的，有乘凤的，有驾鹤的，也有披挂着铠甲的，千姿百态，非常可爱。特别是兔儿爷骑虎，虽属怪事，但却是民间艺人的大胆创造。

老舍先生在《四世同堂》中这样描写："脸蛋上没有胭脂，而只在小三瓣嘴上画了一条细线，红的，上了油；两个细长白耳朵上淡淡地描着点浅红；这样，小兔的脸上就带出一种英俊的样子，倒好像是兔儿中的黄天霸似的。它的上身穿着朱红的袍，从腰以下是翠绿的叶与

旧时北京厂甸卖兔儿爷的摊贩

粉红的花，每一个叶折与花瓣都精心地染上鲜明而匀调的彩色，使绿叶红花都闪闪欲动。"

每到农历八月十五那一天，家家都要供奉它，给它摆上好吃的瓜果菜豆，用来酬谢它给人间带来的吉祥和幸福，还亲切地称它为"兔儿爷""兔奶奶"。

旧时，由于有"男不祭月，女不祭灶"的风俗，小孩子经常在旁边模仿母亲祭祀的样子，拜兔儿爷叩头仪式渐渐改为由小孩子进行了，兔儿爷也演变成儿童玩具，并产生了好多能活动的形象。

例如在《春明采风志》就曾记载："其制空腔，活安上唇，中系以线。下扯其线，则唇乱捣。"

拜兔儿爷旧照

中秋供月的风俗。清康熙三十一年(1692年)《济南府志》记载:"(八月)望 日为中秋节,设牲醴,陈瓜果,作月饼,布筵中庭以祭月。人家馈送,仪动必有月饼、西瓜,以为应节时物也。些时皓月满空,碧天如水,家家宴饮,宾朋欢呼,岁岁以赏月为常也。"济南中秋节圆月时,家家要摆月饼、西瓜、桃子、石榴和兔子王。那时谁买月饼和水果馈赠亲友都要捎一个兔子王。

关于济南"兔子王"的来历,有这样一则民间故事:早时济南地底下,有百八十个泉眼,哗啦哗啦地冲出一些臭泥汤子,弄得到处都是水,又脏又潮湿,穷人小孩生疮害病特别多。月奶奶有药不给穷人治,专给少数富人治。住在济南城里的一个少年名叫任汉,想救穷人。八月十五月奶奶生日那天,任汉跟随老和尚去祝寿,混进广寒宫,得到仙女的帮助,盗得了药饼儿。这时宫外浓云密布,寻得个云彩眼儿,只有碗口大,怎么也钻不出去。这时,宫里响起一阵钟声,寿宴已散,马上月亮奶奶就要出来送客,被她见到就没有命了。在这当

在北京还有一种俗称"叭哒嘴"的肘关节和下颌能活动的兔儿爷。

现如今,兔儿爷已成了稀罕物。在厂甸、后海,以及少数商场的工艺店里还能偶见。东岳庙北京民俗博物馆中保存了一些各种造型的兔儿爷玩具。虽然这种民间工艺品的人气大不如前,不过还是有一些年轻人、外国游客对这种民间味道很感兴趣。

济南的兔子王

北京的"兔儿爷"到了山东济南,被称为"兔子王"。中秋时节,山东地方多塑"兔子王"。

山东济南历来有

旧时民间拜兔儿爷

兔儿爷　泥塑　北京　双起翔

儿，仙女身旁的白玉兔说话了："现在只有牺牲自己，剥掉身上的皮，披在少年身上，让他变成我这样的白兔，才能钻出云彩眼儿。"说完，一头撞在广寒宫大门上死了。任汉为了济南的穷苦百姓，忍着悲痛接过兔皮披在身上，变成兔形，含着一大串药饼儿，从云彩眼儿钻了出来，恰巧落在济南城里的一条巷子里。他听到泉声，便灵机一动把药饼儿塞到七十二个水泉泉眼里去，这些泉水立刻变得清澈甘冽，这便是济南府的七十二名泉。药饼儿随泉水流遍了济南全城，使那些生疮害病的人全都好了。以后，家家户户都把点心做成药饼的样

兔儿爷

子，供养一个泥塑的兔子神。日久年深，人们就把兔子神叫成兔子王，把药饼叫成月饼了。

无论北京还是济南，无论兔儿爷还是兔子王，民间传说的故事大都与月中捣药的神兔有关。在礼拜月神的风俗活动中，更寄寓了人们对祛病消灾的美好企盼。

兔　剪纸　山东．顾晓梅

兔宝　泥塑　山东

兔子王　泥塑　山东　杨峰

兔儿爷　泥塑　北京　双起翔　　　　兔儿爷　泥塑　北京

兔儿爷　泥塑　北京

十二生肖艺术丛书·卯兔

兔儿爷　泥塑　北京

兔子王　泥塑　山东济南　周景福

卯年话兔

卯年话兔

刘孝存

在十二属相中排列：第四位

所辖时辰：早5时至早7时

属兔的人生出年及年龄（到1998年）：

农历：癸卯；阳历：1903年；95岁

农历：乙卯；阳历：1915年；83岁

农历：丁卯；阳历：1927年；71岁

农历：己卯；阳历：1939年；59岁

农历：辛卯；阳历：1951年；47岁

农历：癸卯；阳历：1963年；35岁

农历：乙卯；阳历：1975年；23岁

农历：丁卯；阳历：1987年；11岁

由于人们将属相与动物直接相联系，人们便以兔的特征、特性来谈论属兔的人的性格。有人认为：

兔年出生的人是十二属相中最走运的人。正像中国神话中所讲的，兔是长寿的象征，是月亮的精灵。

当一个中国人望月时，他看到的是月中玉兔在桂树下捣药的影子，小孩子们在院子里观月，会对玉兔表示羡慕。兔子是仁慈、举止文雅、善忠告、和蔼及爱美的象征。兔年出生的人喜欢和平、安静和惬意的环境。他很含蓄，爱艺术并具有很强的判断力。他那善始善终的精神会使他成为一个很好的学者。但他有时也会变得喜怒无常，在这种时候，他会背离自己的环境，或对人冷漠。

属兔人在商业及金融交易方面特别幸运。由于在成交、定约方面很精明，他总能提出一些适宜的建议或候选方案，以使他从中获利。他在生产方面十分敏锐，加上谈判的诀窍，会使他在任何事业上都得到迅速提高。

虽然属兔人表现上也许会对其他人的意见无动于衷，但他实际上会在批评中一蹶不振。他对所爱的人温柔、亲切，而对其他人敷衍塞责，甚至冷酷无情。由于温文尔雅而又放纵自己，他尽情地享受并把自己的愿望放在第一位。他执著地相信人与人之间相互友好是件很容易的事，并且他总是做到文明、有礼貌。他讨厌吵架和任何形式的公然敌对。

由于他很文静，所以人们对他的本质容易发生错觉。实际上，他具有坚强的、坚定不移的自信心。他有条不紊地、准确地追求着他的目标，但举止总是庄重的，不喜欢兴风作浪。他不会因迟钝或直来直去受别人指责。属兔人那不可捉摸的特殊气质，使他在谈判中成为难以对付的人，人们很难捉摸他的真实思想。

在人们的印象中，属兔人好像不会做坏事。他很少使用刺耳的话语，并从不用粗俗的言辞来解释问题。他的外表令人深信不疑。当有事相求时，他会把你请到最好的餐馆。在你酒足饭饱并满意地抽着烟的时候，他会把合同抽出来要你签字，等你明白过来的时候，已为时过晚。他很老练，甚至在别人不知不觉中他

建卯二月是月也
桃始华仓庚鸣
鹰化为鸠元鸟
至雷乃发声始电

卯年话兔

十二月纪事之建卯二月　年画　清末　天津杨柳青

四兔四蝶转花　剪纸　陕西富县

的手脚就做完了。

属兔人也许有时看上去慢条斯理或过分审慎，这是由于他小心、谨慎的天性决定的。可以肯定他在签定任何文件前，要阅读大量有关材料。他有准确地评价人和估计形势的能力，并常以此为荣，事实也是这样。

严肃的属兔女士考虑问题很周全并能谅解她的朋友。她是一个可以与人和睦相处的姑娘，是一个逛商店的好伙伴，或仅是在一起讲故事、聊天的朋友。她非常热情、聪明，伙伴们跟她在一起感到轻松愉快。她能精力充沛地做她喜欢做的事，能把朋友婚礼的每一个细节都筹划好。当她对那繁琐的仪式程序感到厌烦的时候，她就会丢掉手上的一切活计，独自悄悄地走开。当大家拼命向前奔的时候，她知道世界的明天还会在这里，所以不必这样匆忙，可以坐下来休息一下。她也许会给你上一杯香茶，使你忘记外面那些疯狂的竞争。在任何情况下，她都能控制自己。她会注意那辆逃跑汽车上的牌照号码或记住司机的穿着。当你在警察局里澄清问题时，她能默默地回忆起每一个细节，并帮助你回答所有棘手的问题。

总之，他是一个真正懂得生活的人，而且她或他很能体谅别人的疾苦。他不是令人扫兴的或总盯着别人行动的纪律监察员。他知道什么时候应忍让，从不喜欢在公共场所拥抱任何人。他精于保全面子的艺术，兼顾双方的面子。如果有办法不使你难堪，他一定会去做。

毫无疑问，他会把你的错误和进步看在眼里，如果不是严重的或不可救药的，他就会宽容你。由于他有这样的品质，人们很喜欢他，欢迎他，因此人们也同样慷慨地对待他。

除属羊人外没有比属兔人更富有同情心的了。他很会安慰人，并认真听你倾诉衷肠，而他只是充当一个被动劝告者的角色。他是一个有知识的现实主义者或爱好和平的人。

由于他很自信，所以他会把自己估计得高于一切。在逼迫下，他会丢弃任何敢于扰乱他宁静生活的人。他的信仰以灵活多变而闻名，而且他会使出让双方都感到很保险的技巧。你很少能在风险很大的地方发现一只兔子。

属兔人很善于款待别人。他是个绝顶的东道主，而且他是个令人愉快的热情的陪伴者。他可以对每个人都说好话，但他知道的比他讲出来的更多。

属兔人心中的爱和憎很少发生矛盾。他相信自己的生存能力，依靠自己的判断行事。他是个最容易找到幸福和满足的人。

不过以属相来推断人的性格，难免牵强附会，因为一个人的性格是由多种因素造成的。

我们且看"兔文化"。

夏夜，月上中天的时候，乘凉的人们望着圆圆的月亮，生出许许多多的遐思和幻想。人们说，嫦娥住在广寒宫中，月桂下，白兔正在捣药呢。

嫦娥奔月

传说在尧的时代，从前轮流在天空巡行而出的十个太阳，突然同时出现在天空上。十日并出，光焰万丈。大地上的江河塘里的水都要干枯了，草木难生，禾苗焦黄，人们无以为食，甚至连喝水都困难。危难之际，尧将射箭能手羿找来，并将红弓箭赐给他。羿运用神力，射下了九个太阳。天地恢复正常，云生雨落，塘湖荡波，江河汹涌，草木青翠，禾稼茂盛。人们得救了，羿被视为英雄和神人。

嫦娥，又作常娥、素娥。在最早的传说中，她就是帝俊的妻子常羲，生有十二个月亮。而后她由生月女神变为月中的女仙，又被传为羿的妻子。

羿射落九日后，在西王母那里求来一种长生不老药，吃了这药，人便可以升天为仙、为神。羿外出时，羿的妻子嫦娥出于好奇，悄悄地将长生不老药取出来，又吞吃下去。不一会儿，嫦娥的身体变轻了，忽地向天空升去。临离地前，嫦娥家中养的一只小白兔跃到她的怀中。就这样，嫦娥怀抱着兔子，一直飞升到月亮——广寒宫中。顾名思义，广寒宫一定是冷冷清清的，虽有玉洁冰清的屋宇，但树也孤单，人也孤单。所以毛泽东有诗词"寂寞嫦娥舒广袖"；苏轼有词句"起舞弄清影，何似在人间"；

羿射九日　剪纸

卯年话兔

十二生肖艺术丛书·卯兔

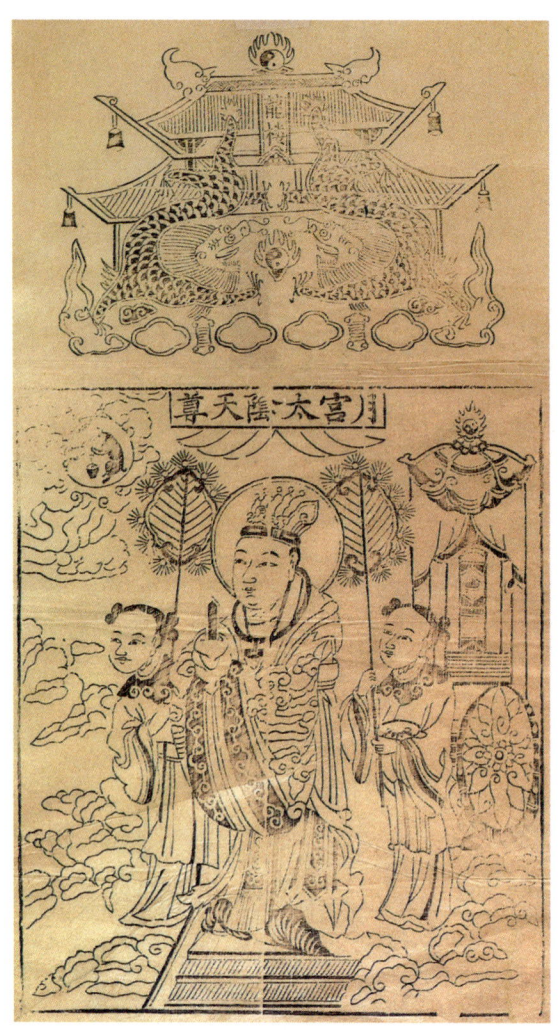

月宫太阴天尊　神马　印本笔绘　清末

的耳朵,红红的眼睛——玉兔,像广寒宫一样,给人以阴柔之美。它温顺、善良,与世无争,是一个令人喜爱的小动物。

兔,为小型哺乳动物,也称家兔。它的门齿很发达,上唇中央有裂缝,耳朵长,尾短上翘,前肢为五趾,后肢为四趾,后肢较前肢长,善跳跃。兔的听觉、嗅觉都很灵敏,胆子很小,繁殖力强。

野兔,也称"草兔"。体背黄褐或赤褐色,腹部为白色,通常在清晨和夜间出穴活动。分布于我国东北、内蒙古、西北、华北及长江中下游。长江以南的野兔为短耳兔,也叫"华南兔"或"山兔"。

野兔和家兔在身体结构上没有什么大的差别,主要区别是:家兔初生时,兔身裸露无毛,眼不能睁开,需要母体照顾;野兔初生时便有毛,出生不久便能蹦跳。这大约是为了适应野生环境。家兔可以成群地生活,野兔却大多独居。

兔,是具有经济价值的动物。兔毛可以用

李商隐有诗"嫦娥应悔偷灵药,碧海青天夜夜心"。寂寞悔叹之余,孤独的嫦娥也只好伴玉兔度日了。

据说月宫中还有一位仙人,名叫吴刚。吴刚学仙犯了过失,被罚在月宫伐树。月宫的树为桂树,吴刚每天砍伐,桂树每天长合。但人们不知吴刚是何许人,究竟犯了什么过失。除此之外,月宫之中还有一只蟾蜍。

月宫中的白兔,也叫玉兔。汉乐府诗中有"白兔长跪捣药虾蟆丸"之句,称玉兔在月桂树下制灵药。于是在年画中,玉兔常伴着圆月和嫦娥。

月光皎洁,人们想象着月宫也是清寒玉洁的;而玉兔,同样洁白如玉。白白的毛,长长

卯年话兔

于纺织，兔皮可以制革，兔肉为美食佳肴。此外，兔还可以实验用、展览用或作玩赏动物。著名的品种有安哥拉长毛兔及新西兰兔。

人类为了生存，曾大量猎捕兔类；后来，人类出于经济目的，将野兔驯养为家兔。六畜之中虽然没有兔，但它与人类的关系也极为密切。

三足乌　画像石　汉代

在汉语词汇中，带"兔"的也很多。

乌飞兔走。乌、兔，反映太阳和月亮。古代传说中，说太阳中有三足乌，因而称太阳为"金乌"；传说中，月亮中有兔，所以称月亮为"玉兔"。此语形容时光很快地过去了。

兔起鹘落。比喻动作敏捷。鹘，为鹰一类的猛禽。此语意为：兔子刚刚跳起来，鹘便猛扑下去。

兔死狐悲。兔子死了，狐狸感到悲伤。比喻因同类的死亡或失败而感到悲伤，所谓"物伤其类"便是。此语之意已约定俗成，但似乎也有点讽刺意味，因为它有点"猫哭耗子"的成分——兔活着的时候，是被狐狸捕食的对象；兔死了，狐狸会悲么？如果是被它咬死的呢？即使是"物伤其类"，也有伪善成分。这自然是指人。

兔死狗烹。兔子死了，猎狗也就可以煮着吃了。比喻给帝王效力的人，事成之后往往会被抛弃或被杀害。历史上，这种事情是不少的。例如汉高祖刘邦除功臣韩信，朱元璋诛杀部将等，就正是："飞鸟尽，良弓藏；狡兔死，走狗烹。"

兔起凫举。凫，为野鸭子。像兔子一样奔跑，野鸭一般飞起。比喻行动迅速。

狡兔三窟。即狡猾的兔子有三个洞穴。原喻藏身的地方多，便于逃避灾祸。现多用于贬义。

守株待兔。这是一则著名的寓言故事，说是春秋战国时代，宋国有个农夫在田里锄地时，看见一只兔子猛跑过来，撞在树上死了。这农夫捡了一个便宜，便放下锄头，在树边等着再有兔子来撞死。后来，此语用来比喻死守狭隘的经验，讥讽以侥幸心理等待取胜的人。

静如处子，动如脱兔。为《孙子兵法》中语。意为：未行动时，就像未出嫁的姑娘那样稳重、安静，不动声色；一行动起来，就像兔子逃跑那样敏捷、迅速。这当然是指训练有素的军队。不过这"处子"也当是指封建社会大门不出二门不迈的"大家闺秀""小家碧玉"。

还有一些常用的口语也与兔有关。

不见兔子不撒鹰。意为不得到实际的好处不去做事。与此相近的词语叫做："一手交钱，一手交货。"还有与此相反的，叫做："舍不得孩子，套不着狼。"

兔子不吃窝边草。意为不在自己的周围、身边找便宜。那么，兔子为什么不吃窝边的草呢？因为窝边草是遮掩它自身的窝的，吃掉了窝边草，它的窝就暴露出来，容易遭天敌攻击。不吃窝边草，实际上是一种自我掩护、自我保护的措施。

兔子不急不咬人。也作：兔子急了还会咬人呢！意为：逼急了老实人，老实人也会反抗。这是一种为自己或他某种行为的解释，或对欺人太甚者的警告。口语中也有贬义的类似的话，但意味大有不同。如"急了抓蝎子"和"狗急了跳墙"。

搂草打兔子。搂草的时候，也抓到了兔子。意为做某件事的时候，顺便将另一件事也办了。其实兔子比草值钱，所以这其间有顺手捞肥的意思，也有不务正业的意思。指有些人常在干公事的时候，乘机为自己搂私利。

人老奸，马老猾，兔子老了不好拿。此语意为岁数大的人不好对付。随着年岁的增长，人的见识广了，眼界高了，经验丰富，自然有一定主见。这是褒义的解释，但此语为贬义，与"老奸巨猾"相近。

在歇后语中，有许多是与兔子有关的。如：

兔子的尾巴——长不了。
兔子见了鹰——毛了。
兔子拉车——连蹦带跳。
老牛撵兔子——有劲使不上。
一百只兔子拉车——乱套了。
秋后的兔子——又撒欢了。

与兔有关的词语还有：

兔唇。由于兔子有三瓣嘴，所以人的嘴唇开裂，便称"兔唇"。

兔脱。比喻逃得快。

兔儿爷。中秋节时上市的兔头人身的泥玩具。农历八月十五日，为我国传统的中秋节。在这一天，人们有赏月、吃月饼的风俗。玉兔不仅是月的精灵，而且是月亮的代名词（玉兔东升，即月亮东升）。因此，中秋节时，有兔儿爷上市。

兔崽子。骂人的话。崽，为方言中的"儿子"，也指幼小的动物。兔崽子，相当于骂人是"畜生"了。

大概是由于兔子太平凡了（它的经济价值不如牛、马、羊、猪、鸡，它的实用价值不如猫和狗，它对人造不成多大危害，因此没给人类留下特殊的印象），所以它对人类的宗教、神话意识影响不大。它给人们留下的最深的印象，可能就是它跑得很快，所以，世有"人中吕布，马中赤兔"之说。吕布，为汉末名将，勇猛无敌。"人中吕布"，即在人当中，最勇猛、最高强的要数吕布。赤兔，是一匹千里马之名。"尊中赤"，即在马当中，跑得最快的要数赤兔马。赤，为红色；兔，是言其快。一匹红色的千里马，即"赤兔"也！

除此以外，兔又与月宫、嫦娥相联系。由于它在月宫的树下捣药，所以旧时的药店也有以"兔儿爷"为招牌和幌子的——那意思是：本店所售之药非常灵验。十二属相中的动物，大部分在神话传说中入仙为魔，只有兔是个例

关公　神马　彩色套印　清末　上海

卯年话兔

C.哈里斯的再创造，使"兔子大哥"成为一个弱小无力但又足智多谋的角色。它能够战胜强大又狡猾的动物——如：狐狸大哥、狼大哥和熊大哥。

兔子，是全世界小朋友最喜爱的动物和动物形象之一。童蒙未开的孩子们，最喜欢听、看由大人讲述或由电视台播放的"小白兔的故事"。关于小白兔的歌谣，流传在千家万户。小白兔，是孩子们天然的朋友。

由此，人们对兔年的印象是：和平、平静、安宁⋯⋯

人们也大多以为属兔的人是善良的、仁慈的和举止文雅的。他喜欢和平、安静和惬意的生活环境，但是由于过分小心、谨慎，他做事总是慢条斯理的。他善于约束自己，也能保守秘密，待人殷勤有礼，且不易上当。他从来都不愿担当责任。由于兔是"月的精灵"，所以人们还认为兔是长寿的象征。

不仅孩子们喜欢兔子，就是大人们也很喜欢兔，因为它平和、温顺，因为它洁白（白兔）、干净。白色，给人的印象是：清洁、坦率、朴素、单调、纯洁。尽管人是很复杂的，但几乎所有的人都喜欢"纯洁"。它还是孩子的宠物，因此也唤起了大人的童心，触发了他们对自己童年的回忆。

北京的龙潭湖公园里，曾有一座"小人国"。那里，有几座木制的小房子。孩子们说，那是小白兔的家。每到这里，孩子们都会钻来钻去，把自己想象成小白兔，躲避着"大灰狼"和"狡猾的狐狸"。

假如没有鸽子，也许小白兔就会成为和平的象征。

外，甚至我们连"兔精"的传说故事都没有发现。这大概与兔给人类造成的危害甚小有关，人便以它为温和、善良的化身。

兔给人们造成危害最大的是在澳大利亚。澳大利亚原本没有兔子，由于水草丰茂、气候适宜、天敌甚少，兔子传入澳大利亚便得以迅速繁衍。它毁坏庄稼，吃掉牧草，给澳大利亚农牧业造成严重危害。

在美国，有一个家喻户晓的"兔子大哥"。它本是源于非洲民间传说的一个诡计多端的动物形象，由黑奴带到美洲。后经美国艺术家J.

生肖邮票

中 国

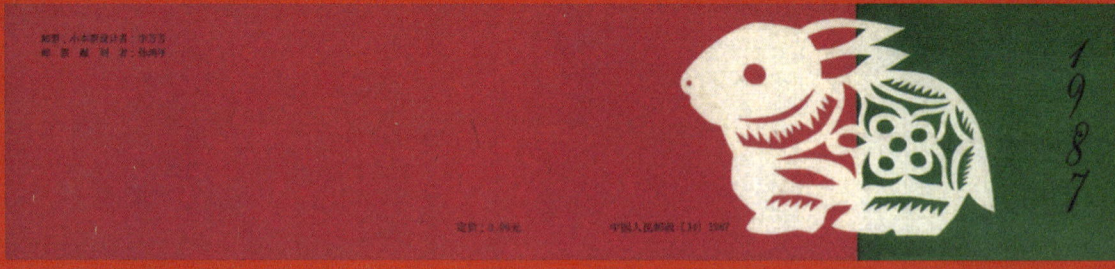

安的列斯

加拿大

老 挝

不 丹

大洋洲　　　　　　　　　美 洲

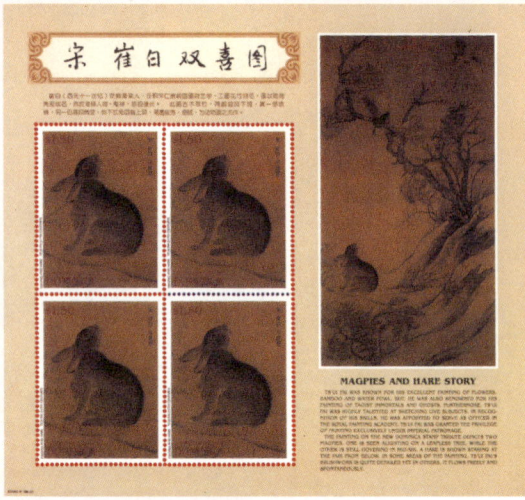

蒙 古

越南

生肖邮票

美国　　　　　　　　　　　　　　　非洲

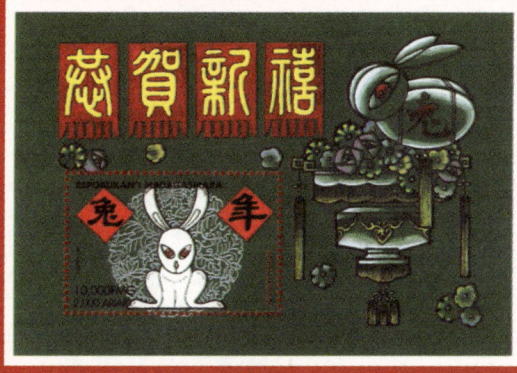

澳大利亚

玉兔为月

吴裕成

玉兔与苍龙星座　南阳汉画像石

卯与兔的对应关系，打开一扇窗，可借以窥见生肖文化的博大精深。探讨兔居卯位，还有一条重要线索，也是前人未曾论及的，那就是：辰星又名兔。

辰星指水星，古代天文学所瞩目的金、木、水、火、土五大行星之一。《史记·天官书》讲辰星："兔过太白，问可械剑。"句式相同，只是辰星代兔，可证兔即辰星。惟恐人们不解，司马迁特意著上一笔："兔七命。"兔星有七个异名，司马迁首先列举的是小正，第二个说到的就是辰星。河南南阳出土的汉画像石，金乌怀着日轮飞翔，日轮中有一蟾，表示日月合璧，即日环食。画像石上部，有一倒置之兔，它不应是月兔，而该代表辰星——兔。

汉赋名作《鲁灵光殿赋》中关于彩绘动物的一段描写，对于解说南阳画像石的兔图案或许能有帮助。王延寿赋中这段话，描写彩绘"飞禽走兽，因木生姿"，依次写到"奔虎攫拏""虬龙腾骧"、"朱鸟舒翼""腾蛇蟉虬""白鹿孑睨""蟠螭宛转""狡兔跧伏""猨狖攀缘"等。排于前四的，正是星宿四象。这说明，王延寿笔下的动物，应是星辰神话中的动物。其中"狡兔跧伏"，恰如汉画像石所勾勒的兔星形象。

又称为兔的辰星，作为七曜之一，古人将其作为"正四时之位"的重要星辰，因此"得与北辰同名"——用北辰之"辰"做名字。《天官书》说它"曰北方水，太阴之精"。我们知道，在古人设想的宇宙模式中，太阴既指北方阴极所在，也指实有的天体，那就是月亮。由此便产生出纽带互联：辰星＝兔，因为辰星＝太阴，又因为太阴＝月亮，所以，兔与月有了可以互代的关系。小兔子得以进入月宫，能说这不是一条途径？

辰星等于兔，这线索还牵连着地支卯。这是因为，十二地支排于东方的三支是寅、卯、辰。地支辰位在东方，对于代表辰星的兔子，——它的生肖属配，该有一种潜在的吸引力。然而，地支辰却归了龙——四陆四象，东方为青龙，龙有足够的资格做辰的属相。称为兔的辰星，或者说代表辰星的兔，虽然没有占上地支辰的位置，却也并不失落，兔占了卯——卯，方位正东，且是日月升起的方向，正符合月中有兔的传说。将卯交给兔，中国古代的月亮神话也有了着落。

月兔传说由何产生？常被谈及的原因，主要有月球阴影、蟾蜍音变，至于辰星称兔这条线索，却被忽略了。

确实，月兔传说的形成，得益于多方合力的促成，正可见传统文化的深邃奥秘，盘根错节一般，却又能够融会贯通，形成体系。下面就让我们走入月兔的传说，欣赏生肖卯兔所包容的文化景观。

月亮神话的重要角色,包括嫦娥、蟾蜍和兔。到唐时,又续上伐桂的吴刚。嫦娥是漂亮少妇的形象,相传为后羿之妻。十日并出而成灾,羿射下九个太阳,除掉祸害人民的野兽,可谓英雄壮举。英雄希望长生不老,于是羿向西王母求得"不死之药",想不到却为此失掉了美妻——嫦娥偷吃下那灵药,飘飘然,奔月而去。这一传说由简而繁,有个不断丰富情节的过程。《文选·祭颜光禄文》注引《归藏》:"昔嫦娥以西王母不死之药服之,遂奔月为月精。"《归藏》大约成书于战国初年,已佚。关于嫦娥的传说,这是如今所见较早的记载。

另一则秦汉以前的材料,见于屈原《天问》:"夜光何德,死则又育?厥利维何,而顾菟在腹?"连续的两问,无疑是面对圆缺变化的月亮。然而,在这古今共识之下,具体到"顾菟"所指何物,却成了千古之谜。东汉王逸《楚辞章句》释其为兔。唐代柳宗元的《天对》回答《天问》,对于顾菟之句,以"玄阴多缺,爰感厥兔"应之。宋代洪兴祖《楚辞补注》:"菟与兔同"。朱熹《楚辞集注》:"顾菟在腹,此言兔在月中,则顾菟但为兔之名号耳。""顾菟"为兔,此其一。

闻一多《天问释天》,释古典而出新意,认为"顾菟"为蟾蜍。他提出,古时蟾蜍的异称"居诸"、"居蠩""籧篨"等多种,均与"顾菟"音近。他写道:"蟾蜍变为蟾兔,于是一名析为二物,而两设蟾蜍与兔之说生焉。其后又有舍蟾蜍而单言兔者,此其转相论变之迹,固历历可寻也。诸说之起,验之汉代诸书,蟾蜍最先而兔最后,屈子生当汉前,是《天问》之'顾菟'必谓蟾蜍,不谓兔也。"至于"月中蛤蟆(蟾蜍)之说,乃起于以蛤配月之说,其时则当在战国。盖蚌蛤与月盈虚之语,载在战国末年之《吕览》,而中蟾蜍之说,汉初之《淮南王书》已有之,则二事之发生关系,必在汉代以前"。"顾菟"即蟾蜍,此其二。

钟敬文赞同闻一多的见解,并提供新的证明,"我们乡下(广东海丰)的口头说话里,虽然也有蟾蜍一词(它是比较文雅气的),但是一般都称是蟆为蛤或蛤牯";苏轼《宿余杭法喜寺后绿野亭望吴兴诸山怀孙莘老学士》诗,"稻凉初吠蛤",注:"岭南谓虾蟆为蛤"。钟敬文的文章,为评论20世纪70年代长沙马王堆汉墓出土的帛画而作。马王堆1号汉墓、3号汉墓都有"T"形帛画出土,为汉文帝时期作品。两幅帛画的上部均表现想象中的天国,画有太阳和阳乌及月牙、蟾蜍和兔。这表明,汉初之际,月亮神话确已是蟾、兔并举了。当然,1976年山东金雀山汉墓出土的帛画,日乌与月蟾相对,月中无兔,这是武帝时期的作品,时在马王堆帛画之后。可见月兔取代月蟾的主导地位,这一过程在西汉尚未完成。

1978年,湖北随县战国早期曾侯乙墓出土的文物中,绘于漆箱盖的图画,除了著名的二十八宿图之外,还有一幅日月神兽图。图上绘

马王堆西汉"T"形帛画
左上方表现有兔、蟾蜍和月亮。

扶桑树两棵，树上有许多放射光芒的太阳，树梢有太阳鸟栖息，树下有弯弓射鸟者。图中还有月亮树两棵，每树立两怪兽，"头似虎而身尾似兔"。汤炳正就此发表《〈天问〉"顾菟在腹"别解》，认为《天问》之'顾菟'，既非'玉兔'，亦非'蟾蜍'，乃指'於菟'而言"；衣箱图像中的四个似虎似兔神兽，就是"顾菟"——即

日月神兽图局部

"於"、"於䖘"、"乌䖘"。

楚人称虎为䖘，汤炳正考证甚详。一、《左传·宣公四年》：楚人"谓虎於菟"。《释文》："於音乌，菟音徒。"二、《方言》：虎，"江、淮、南楚间谓之李耳，或谓之於䖘"。郭璞注："今江南山夷呼虎为䖘"。三、《广雅·释兽》："於䖘，虎也。"四、《汉书·叙传》："楚人谓虎於菟"。颜师古注："檡字或作菟，并音涂"。五、大徐《说文》新附："䖘，楚人谓虎为乌。从虎，兔声，同都切。"汤炳正写道，"於菟"、"顾菟"之"菟"即为"虎"，则其本字当为"䖘"或"䖘"，此乃楚地所特造的地域性文字。月中阴影引出的神话，有兔有蟾蜍还有虎，这三者都是以语言因素为媒介演化出来的传说。"顾菟"为虎，此其三。

虎而称"兔"（音），写为"䖘"、"䖘"，这两个现代汉语已鲜见使用的字，其组字，"虎"自然是义符，"兔"果真仅仅是声符？

曾侯乙墓衣箱图画月亮树上的神兽，如若确为"䖘"——请看它们的短尾，不正是"兔子尾巴"吗？那么，"䖘"之"兔"、"䖘"之"兔"的组字作用，便不只是标出读音了。

"顾菟"（虎）、"蟾蜍"、"兔"，音相近，三者都曾被纳入月亮神话发生学的有趣话题。到后来，唯玉兔在广寒宫立足最稳，大约得益于十二生肖卯属兔。同时，月亮冷光，月与兔，形象比较容易统一于阴柔之美——西方传说月中有猫，可谓异曲同工。

说到中外文化的比较，不该忽略另有一段月兔传说，其流传于古代印度。玄奘《大唐西域记》记载了这个故事。大意是，远古之时，天帝释要考察狐、猿、兔三兽，就化作远行的老人。在山野里，老人对狐、猿、兔说："今正饥饿，何以馈食？"三动物分头去找。狐于水滨得鲤鱼，猿在林间采花果。兔空手而归，受到讥议，便请狐、猿帮忙，备好柴草，说是将有所作为。柴草堆起，烈焰燃炽，兔说："我身卑劣，所示难遂，敢以微躬，充此一餐。"言罢，纵身跃入火中。这时，帝释现了真身，伤叹良久，对狐和猿说："一何至此！吾感其心，不泯其迹，寄之月轮，传乎后世。"玄奘记，"月中之兔自斯而有。"

仍来言䖘说䖘。"虎"和"兔"挤在一个方块字里，这合二而一，大概浓缩了许多故事，其中很可能包括关于卯属兔的故事。对于这右"虎"左"兔"，或左"虎"右"兔"的合体字，倘若来一番"合久必分"，一个从左右位置看，为先"虎"后"兔"；一个从写书笔顺看，为先"虎"后"兔"。这样的排列，正好是寅虎卯兔的顺序，可以径直嵌入十二生肖编队。

我们曾推想，寅属虎的文化内涵，包括伏羲所代表的虎崇拜。由伏羲之寅虎，能不能进而推想女娲之卯兔呢？

在汉画像石中，可见大量的伏羲女娲图，他们或相向而处，或交尾相缠。他们手不空，女娲持规，伏羲持矩。矩方而规圆，表示男女、阴阳，为一组符号性的道具。汉画像石图案，也

玉兔为月

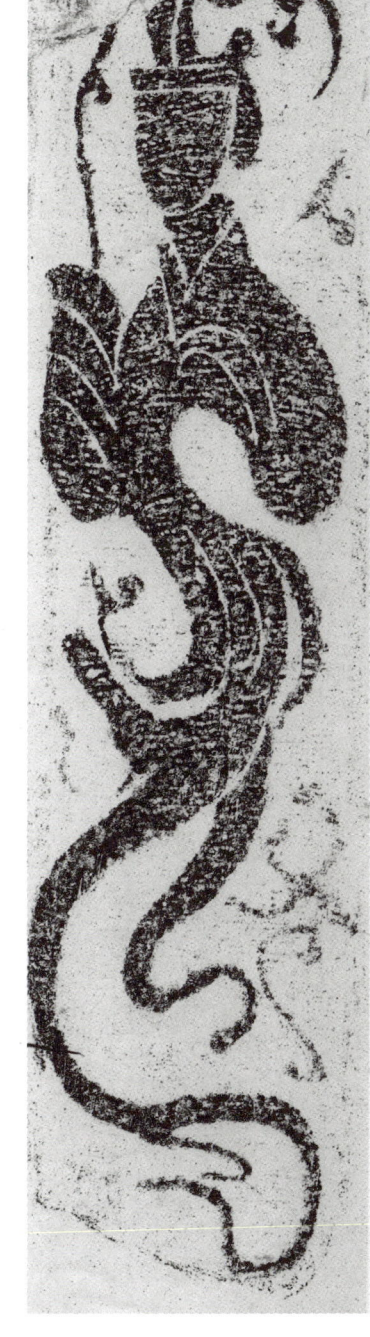

伏羲、女娲 东汉 河南南阳

以日月为符号，属于伏羲的是太阳——圆盘里刻着阳乌；属于女娲的是月亮——同样一个圆盘，里边刻兔，或刻蟾蜍，或兔与蟾蜍兼备。

十二生肖的排列，如果以子、丑、寅——天皇、地皇、人皇这样的顺序排下来，开天辟地之后，再排上伏羲、女娲，是合乎情理的。伏羲占了寅虎，轮到女娲的，该是卯兔。这只是一种推想，可是偏偏巧得很，你看：比肩的伏羲女娲、交缠的伏羲女娲，那女娲所持所擎所怀抱的正是月亮，是里面刻画着兔或蟾蜍的月亮。寅虎之后为卯兔，十二生肖的排列——具体地说，寅虎卯兔的小段落，是不是隐含着伏羲、女娲呢？

对这样的推想，也许会有人提出：既以女娲、月兔解释卯属兔，那么，伏羲所举的、所怀抱的太阳，其中就不该是阳乌，而是应日中含虎才符合逻辑。

这异议，言之有理。但是，提出这异议的逻辑，似乎应归入现代人的思维方式。古人创作神话，编织传说故事，以阴阳解释世界，乃至编排十二生肖，在关照此事物与彼事物的逻辑关系时，并非总是采取线性思维。从古代神话和民间传说的整体联系来看，线性思维的作用固然不可抹杀，可是在"一"以贯之之外，尚有辅线横扯，有旁枝斜出，不只是一竿子插到底的纵向排列。与线性关联的形式并存，靠着结点的生发，横生枝节，另拐叉道，才创造了神话传说的丰富性。寅虎——伏羲——阳乌，卯兔——女娲——月兔，对于两者的不对称、不

日神羽人画像砖　东汉　四川彭县

砖上羽人人首鸟身,展翅向右翱翔于天际。羽人头戴冠,胸负圆轮,轮中一金乌,为日轮。载日轮者为日神。

月神羽人画像砖　东汉　四川彭县

砖上羽人人首鸟身,胸负圆轮,轮中有桂树、蟾蜍。桂树、蟾蜍是月的象征,此羽人为月神,展翅向左飞翔。月神与日神相对,是日月行天的形象化描绘。

双阙迎谒、伏羲女娲画像　东汉　四川郫县

　　同一石棺前后端。伏羲女娲人首蛇躯，左为伏羲，右手执日轮，右为女娲，左手执月轮。

伏羲女娲画像砖　东汉　四川崇庆

"合理",以结点旁出的理由来释疑,或许能勉强过关吧。

不管怎么讲,"虝"和"虤"是历史上的客观存在,以半"虎"半"兔"的字来做虎的书写符号,也是历史上的客观存在。再加上卯兔紧随寅虎,兔与虎真是有着不解之缘。

"卯酉日月门"

古代文化以阴阳归纳万物,与太阳相对应,称月亮为太阴。用阴阳观念来记述月亮神话,见于东汉张衡《灵宪》。此书已佚,据《全上古三代秦汉三国六朝文》辑文:"日者,阳精之宗,积而成鸟,象乌,而有三趾,阳之类,其数奇。月者,阴精之宗,积而成兽,象兔蛤焉,阴之类,其数偶。其后有冯焉者。羿请不死之药于西王母,姮娥窃之以奔月……遂托身于月,是为蟾蜍。"这反映了汉代人的想象,日乌三趾,奇数为阳;月亮既为太阴,取数为当偶,所以想像月中有两种动物——兔与蛤。蛤,指蟾蜍,前文已言及。

张衡讲日月阴阳,日乌、月兔还有蟾蜍,虽然也以偶奇相论,但却并未去掰着动物的趾爪计算偶奇。看来,以趾爪单双释生肖的思路,是汉代以后才想出来的。这里捎带说一句,《灵宪》的这段话,清代《两般秋雨庵随笔》转录,失却了蟾蜍:"月,阴之精,积而成兽,象兔,阴之类,其数偶。"再不见"象兔蛤焉"的句子。这反映了清代人唯重月兔的看法。

以阳乌一种神物,对应月兔、蟾蜍两种神物——而不是像后世那样,金乌、玉兔,一对一,东汉《论衡·说日篇》印证了这种说法。当时儒者们因循传讲,日中有三足乌,月中有兔、蟾蜍。对于儒书儒者充满批判精神的思想家王充,对此同样心生反感,提出挑战。他问,太阳"天之火也",乌在火中还不烧焦?紧接着讲

日宫太阳天尊　神马　清末　南通

月宫太阴天尊　神马　清末　南通

太阳（左）月亮（右）　剪纸　山西静乐

玉兔为月

月亮，"夫月者，水也"，"兔与蟾蜍久在水中，无不死者"。其实，对神话倒也不必采取这般方式挑剔，以火烧水浸发难，将浪漫传说坐实，世界上也就难有神话了。

从东汉的画像石看，兔与蟾蜍联手的画面挺普遍，也印证月中有兔、蟾蜍，是当时流行的说法。举山东嘉祥宋山画像石的两个例子：一幅图案为兔和蟾蜍各持一杵，共同捣药；另一幅则画两兔持杵作捣药状，一蟾蜍双臂举臼。

到晋时，兔开始独自充当月魄。《太平御览》卷四引傅玄《拟天问》："月中何有？白兔捣药。"随着时间的推移，月兔的"垄断"优势越来越明显。人们似乎不再讲求兔与蟾蜍双双寓月，不再理会以兔、蟾并称来体现"阴之类，其数偶"。兔抛开蟾，单独面对日乌，一对一地唱对手戏。于是，表示日月运行，光阴流逝，便有了"兔起乌沉""兔走乌飞""兔缺乌沉"之类颇为形象的词语。"兔宫""兔阙""兔窟""兔轮""兔华""兔辉"，都被用来称月亮。唐代李群玉《将离洋浦》诗："春月三改兔，花枝成绿阴。"三改兔，月亮三度圆缺。言者闻者达成这样的默契，如此语言环境的形成，说明兔之于月，已然是浑然一体，堪称"全权代表"了。当然，那科举的时代，学子们还在以"蟾宫折桂"为人生荣耀，也证明着月蟾的影响并未完全消失。

月兔能够甩掉蟾蜍独领风骚，重要的原因在于十二生肖卯属兔。唐代苏鹗《苏氏演义》说：

兔十二属配卯位，处望日，月最圆，而出于卯上。卯，兔也。其形入于月中，遂有是形。

月到十五分外圆，这是举头望明月、遐想广寒宫的良辰——那斑驳的月景，是玉兔在捣药吗？兔、月、卯的关系，就以月圆之时为说辞。兔与卯，自不待言；月与卯的关系，则在于每逢十五，月圆由东方卯之位升起。卯位上有兔，兔形进入月亮，于是圆月里面有了令人驰思的图案。

兔形入月之说，还须与酉鸡并举，方见古人解释宇宙想象之奇特。在古人看来，日中金鸡、月中玉兔东西相望，酉与卯如一根绳——古人称此为"对冲"，联结着天体神话中的这对双璧。宋代陆佃《埤雅》说日鸡月兔，表述了

白庄女娲·月轮画像　东汉　山东临沂

女娲人身蛇尾,手执矩,身上一月轮,轮中有玉兔和蟾蜍。下部一盘曲大树,树上二鸟共衔一鱼,树下一人执长竿捣鸟巢。

白庄伏羲·日轮画像　东汉　山东临沂

伏羲人身蛇尾,手执规,身上一日轮,轮中有金乌、九尾狐。其左有二羽人和飞鸟。下有力士和玉兔捣药。

颇具代表性的看法：

> 旧说日中有鸡，月中有兔。按鸡正西方之物，兔正东方之物，大明生于东，故鸡入之，月生于西，故兔入之。此犹镜灯，西象入东镜，东象入西镜。

酉鸡方位正西，但却做了东方太阳里的灵物，卯兔方位正东，却做了西方月亮中的灵物。陆佃想象，这就如同西边燃烛映入东边的镜中，东边点灯西边的镜子里映着光亮。卯兔、酉鸡，月亮、太阳，它们之间的关系，仿佛东、西错位。然而，古人以点石成金般的智慧，举重若轻，引入镜与灯的比喻，轻而易举地把难题解决了。

当然，这只是一种美妙而奇特的想象。元代俞琰《席上腐谈》则指出，这种说法的流传与道教理论相关：

> 张横渠谓阴阳之精，互藏其宅是也。兔四足，汉张衡以为阴类，其数偶；乌有三趾，阳之类，其数奇。愚谓兔自属日，所谓月中兔者，月中之日光也。丹家借此以喻神入气中，犹日光照入月内，乃着兔于月以为法象。故其说有云，月者药也。

对于玉兔月中捣药的传说，俞琰不以为然，称其为"妄也"。其实，神话传说自有逻辑情理的原则，是不妨"妄也"的。除了道家理论的内容，俞琰所注重的是"月中之日光"，即月球反射日光而悬玉盘于夜空。

明代周婴《卮林》论生肖，借助这样一种思路，将日中鸡月中兔阐发得更加周全：

> 月无光，而溯日为明，世所知也。天有十二辰，列于方者，有神司其位。日出在东，其对在酉，酉为鸡，日光含景，则鸡在日中。及运而西，则对在卯，卯为兔，月光含景，则兔在月中。月有兔形，何足异哉？人知日中乌，而不知为鸡。知月中有兔，不知兔自日以传形也。

周婴解释说，月亮自身不发光，月有光亮，靠反射日光。十二辰排列于十二个方位，十二神即十二生肖各主其所在的方位。太阳东升，对着正西的酉，酉的属相是鸡，日光中有影子，那便是西方酉位之神——鸡，映入了太阳。太阳西落之时，正对着东方的卯，卯的属相是兔，月亮上有影子，那是东方卯位之神——兔，被映到月亮中。

子丑寅卯十二辰，从表示方位的意义上说，卯、酉东西遥对，仿佛"相看两不厌"的一对友人，存在的关联，比起比邻的地支来，似乎更亲近。卯属兔，酉属鸡，这一对生肖也好像结成了对子。所有这些，有一个绚丽多彩的话题充溢其间，那话题属于太阳和月亮——是畅想，神奇的天体神话与传说；是冥思，关于阴阳消息，关于哲学、玄学。

日光含景、月光含景的解说，作为解释酉鸡卯兔的一个思路，让我们想到少昊神话中存在的东、西混合。《酉鸡有吉》一书谈到，少昊神话典型地反映了崇鸟敬日的原始思维。在少昊神话中，少昊具有鸟王和日神的双重身份。《山海经·大荒东经》记："东海之外大壑，少昊之国。"然而，据同书《西山经》所记，"又西二百里，曰长留之山，其神白帝少昊居之"，并且那里还有用斑斓玉石建成的宫殿作为少昊的居所。这个代表太阳的鸟王，由东"飞"到西，干什么？《西山经》答："是神也，主司反景。"主司反景，晋代郭璞的解释是："日西入则景反东照，主司察之。"少昊由东方海壑的鸟国，"飞"到西方高山上的宫殿里，观察太阳西落时光线射向东方的反影。

少昊由东至西的"换宅"，很像酉鸡——即日中金鸡。特别巧妙的是，少昊"主司反景"和"日西入则景反东照，主司察之"，与明代《卮林》所言"日出在东，其对在酉，酉为鸡，日光含景，则鸡在日中"，简直异曲同工，是恰到好处的此呼彼应。这虽似巧合，其间却也包含着必然性因素，因为，它们都出自中国传统文化对于日月、阴阳、方位等等的整体把握。

太阳、月亮、东方、西方，还有卯兔与酉鸡，就这样被仰观俯察、推演穷究天地之理的

古人融为一个大系统，酉之金鸡，卯之玉兔，成为系统中一对可爱的精灵。明代郎瑛《七修类稿》说：

> 日生东而有西酉之鸡，月生西而有东卯之兔，此阴阳交感之义，故曰酉卯为日月之私门。

"日生东而有西酉之鸡，月生西而有东卯之兔"，鸡与兔正好掉换位置。是错置吗？答案是：不，正该如此，因为这恰好可以体现"阴阳交感之义，故曰酉卯为日月之私门"。卯、酉为日月之门，是基于日月升落而生发的联想。

古代将太阳初升和隐落的时刻，分别记为卯时、酉时。晋代杜预为《左传》注解，将昼夜十时径释为一天十二个时辰。"日出者"卯时，"日入者"酉时。再加上十二地支还具有空间方位的意义，便形成了时空的重叠：卯时日出，日出的方位正东，以地支标之，在卯。酉与卯，连同它们的生肖物鸡和兔，由此被纳入瑰丽的天体神话传说，被拉入阴阳消息的神秘王国。

卯兔酉鸡，往往联袂出现在古人建构的瑰丽的冥思遐想中。这里来说一段卯、酉同台的故事。且引明时学问家方以智《通雅·天文》提供的材料：

> 柳谷，日色也。《周礼》"翌柳"注引《书》曰："分命和仲，度西，曰柳谷。"疏曰：济南伏生《书传》："柳者，诸色所聚，日将没，其色赤，兼有余色，故云柳谷。"吴虞翻奏郑氏解《尚书》，违失古篆，卯字当读为丣，古柳卯同字，而以为"昧"。今本作"宅西，曰昧谷"，如仲翔之言，则是康成改"柳"为"昧"矣。古篆卯开、而丣阖，丣即酉，柳正从丣，仲翔所说，亦未大较也。……《淮南》言："日入崦嵫，经细柳。"柳非木也。

十二地支的"卯"和"酉"，标方位而东西遥遥相望。在古形上，两者也有关联。东边的卯，像一对门扇之形。是开门是闭门呢？该是开启之门——日出东方，"卯"若闭门，旭日由何升出地平线？这一理解，由于"酉"字古篆写作丣而得到了证明：西边的酉，表示太阳落山的方位，"卯"字上加一横，那一横就是门闩，夕阳将落在关闭的大门后面去，一个白昼已经关门大吉，随着太阳的隐去而结束了。

夕阳归何去，同朝阳自何来一样，是很能撩动先民思绪的课题。《尚书·尧典》说，尧指派羲氏、和氏"钦若昊天，历象日月星辰，敬授人时"。让羲仲去东方的旸谷迎接日出，测定太阳东升的时刻。同时，"分命和仲，宅西，曰昧谷，寅饯纳日，平秩西成"，指派和仲住到西方名叫昧谷的地方，去恭恭敬敬地目送太阳落到地平线之下，并测定日落的时刻。此外，南方和北方也都派出了官员。这样，"期三百有六旬有六日，以闰月定四时，成岁"，制定出以太阳运动周期为基准的历法，一年366天，并用安排闰月的方法，保持四个季节与地球在公转轨道上的位置相一致。

《尚书》记，和仲"宅西"，那西方极远的边地，是叫昧谷还是叫柳谷，有两种说法。上引方以智《通雅》的一段文字，正是围绕这一话题展开的。由"柳"而"昧"，大约受到了东汉郑玄以黄昏天色释"柳谷"的影响。关于和仲观日落，《史记·五帝本纪》的表述是："命和仲，居西土，曰昧谷。敬道日入，便程西成。"也称昧谷。但刘宋裴骃《史记集解》引晋代徐广语："一作柳谷。日入于谷而天下冥，故曰昧谷。"虽然，"昧谷"自有讲头，但"柳谷"之名，并未泯灭。

东汉《论衡·说日》："儒者论日旦出扶桑，暮入细柳。扶桑，东方地；细柳，西方野也。桑、柳，天地之际，日月常所出入之处。"细柳，当是柳谷，正如方以智所引《淮南子》："日入崦嵫，经细柳。"

较之"昧谷"，"柳谷"之称谓似乎包容更丰富、更富古老的意韵。东卯西酉，日出日落，再加上圆月的故事，古人视卯、酉为神秘方位，用了一个形象的说法，即所谓卯酉为日月之门。

卯，汉代《说文解字》释："冒也。二月万物冒地而出，象开门之形，故二月为天门"。卯

玉兔为月

长沙马王堆"T"形帛画（局部）

帛画自上而下分三部分，分别表示天上、人间、地下。天上部分画太阳和月亮，有的还有星辰、升龙、蛇身神人等图像。太阳中有金乌，月亮中有蟾蜍和玉兔，有的还有奔月的嫦娥。居于帛画"T"字形横段部分描绘的是上天的景象，其正中是一位躯干为人、仅足部为蛇形的女神，女神两侧共有五鹤仰首张嘴鸣叫。帛画横段的右上部有内栖乌鸦的一轮红日，其下火焰形的树杈上有八个小太阳。与红日对应的画面左上方是一弯新月，其上有玉兔、蟾蜍，乌鸦和玉兔正是所谓的"东乌西兔"的写照。

的字形如开门之状，用来表示开启、出来的意思。甲骨卜辞屡见"卯几牛"、"卯几牢"字句，罗振玉认为，卯含分割牲体的意思。这也是使用卯字之义：开。"卯"之形，两扇门开。

由"卯"为门，到"酉"也为门，这两个虚拟之"门"东西相望，晨昏相峙，春秋相对。这是相当古老的说法。《说文解字·酉部》："酉，就也。八月黍成，可为酎酒……古文酉从卯，卯为春门，万物已出。酉为秋门，万物已入。一，闭门象也。"

许慎《说文》，以十二月份说十二地支。排到"酉"，为八月。其所说，精彩之处在于将酉与卯相提并论，以古字形来说明它们均像门，卯为春门，春是万物冒出的时节，故而卯的字形如开门之状；八月仲秋，金秋成熟，这是收获的时节，万物已入，该关门了，酉的古字形若"卯"而加一横，那一横便为天门插上了门闩。

从十二月的角度解说十二支，卯为仲春之月，酉为仲秋之月，卯、酉被说成表示春、秋之门的意思。换个角度，以昼夜十二时辰的角度解说十二支，卯为日出时分，酉为日入时分，因此言之：卯、酉为日月门——这里，其妙天成者，是卯字形恰如两扇门，而酉字又在"卯"之上添了一笔"一"。

阳乌星宿画像　汉　河南南阳　南阳汉画馆藏

古代人认为太阳在天空中运行，是由一乌鸦载负着的。南阳汉画中的太阳大都作此刻画。画面云气缭绕，繁星点点，极富装饰意味。云纹是南阳汉画特殊的构图元素，它使画面产生空间感，也增强了画像的装饰效果。画中的大小圆点代表星球，在此图中，它们主要起装饰画面的作用。

日入柳谷。柳谷之柳，从丣声，是丣加一横，其义关闭。东之"卯"加"一"，组成西之"酉"。古人的想象就这样沉积在古老的汉字结构里：清晨，东方天空打开两扇门，太阳走出来；黄昏，太阳步入西边天际的宅院，随后掩上大门，横以门闩。

酉属鸡。酉鸡——金乌——太阳鸟，每日由东向西，冉冉地自卯之门东出，一番经天纬地地照耀之后，从属鸡的酉之门西入。"丣即酉"，夕阳入门后，门闩横上门。

卯、酉日月之门的命题，不是特意为卯酉而提出的。它与《易经》对世界的解释融会贯通，是由古代对于宇宙的认识中生发出来的。宋代邵雍《皇极经世书》说："乾坤定上下之位，离坎列左右之门，天地之所阖辟，日月之所出入，是以春夏秋冬、昼夜长短、行度盈缩，莫不由乎此矣。"古人以八卦归纳万物，以离为太阳，、坎为月亮。乾坤定上下，指天地也指南北。"离坎列左右之门"，以地支标示方位，即卯、酉，属于兔与鸡的地支。邵雍所描绘的，是时空运转的大系统。在这一大系统的背景之下，在天地开合、日月出入的动态之中，人们讲解着卯和玉兔、酉和金鸡。

卯兔与酉鸡，关于这一对生肖的遐想，被注入辩证思维的哲学味道。明代《七修类稿》说："日生东而有西酉之鸡，月生西而有东卯之兔，此阴阳交感之义。"前已引。在明代王逵《蠡海集》书中，则可以读到这样的话：

坎离交互，坎本阳，却为月；离本阴，却为日。盖月含阳，故有兔，日含阴，故有鸡，鸡兔乃东西之对待。是曰，坎、离为二气之交互也。

八卦，用以解释世界万物的八个符号。八卦之中，☵为坎，代表水；☲为离，代表火。它们为相反相成的一对。坎水为阳，离火为阴，令人稍有些费解。《左传·昭公九年》说："火，水妃也。"《昭公十七年》又说："水，火之牡也。"水火相配，水为雄、为王、为阳，火为雌、为妃、为阴。对此，东汉服虔《左传解谊》以离、坎二卦作解："离为火，为中女；坎为水，为中男，故火为水妃。"这借用了《说卦》："坎再索而得男，故谓之中男。离再索而得女，故谓之中女。"

这样说来，坎之为月，就有了一合一不合：坎为水，月也为水，是相合；月为阴宗，"坎本阳"，不相合。离之为日，也存在这种情况：离为火，日也为火，是相合；日为阳宗，"离本阴"，不相合。怎样解释阴阳的错置呢？兔属卯，居东，为少阳；鸡属酉，居西，为少阴。卯兔在月，为月亮带去了东卯之阳；酉鸡在日，为太阳带去了西酉之阴。这就是《蠡海集》所说："月含阳，故有兔，日含阴，故有鸡。"至此，我们不妨说，"日生东而有西酉之鸡，月生西而有东卯之兔"——这样一个看似讹误的鸡、兔换位，便有了阴阳辩证的解说。这其中还表述了一种可贵的思想，即阴阳的范畴，相互对峙又相互联系，你中有我，我中有你，所谓"坎、离为二气之交互也"。

这解释与《埤雅》之说相比，显然在两个不同的层面上。《埤雅》讲"鸡正西方之物，兔正东方之物"，太阳中有金鸡，月亮中有玉兔，"此犹镜灯，西象入东镜，东象入西镜"，以神话般的想象见长，文学的比喻也很到位；而《蠡海集》所言，则在对立统一的哲学层面上，展开了虽非科学，却很奇特的想象。

唐代月宫镜

玉兔为月

说文解兔

日 高

一、兔音难觅

《说文解字》中有"兔"字而无"㲋"字,但却有从"兔"和"㲋"声的字,比如"鞔"和"㑗";也就是说,在《说文解字》中存在着包含着"㲋"字的文字"成品",却没有这些文字"成品"的组成部件。这是令人费解的事情;因为,在《说文解字》中只要有"成品"文字,一般都会有找到这些"成品"的"部件"。那么,像"鞔"和"㑗"中的部件"㲋"在哪里呢?《说文解字》本对"鞔"的字结构分析是这样的:认为"鞔"(鞔)是一个从"革""㲋"声的形声字。但有意思的是在楷体《说文解字》中,却说"鞔"字"从革、兔声"。这样,问题就又出现了,既然"鞔"的声旁是"兔",为什么又读成mán,与"兔"(tù)的发音差距这么大呢?《说文解字》中还有一个"㑗"字,也是一个以"㲋"为声旁的字,而"㑗"(㑗)字的读音也与"兔"字的读音差距很大。钱

兔 《三才图绘》

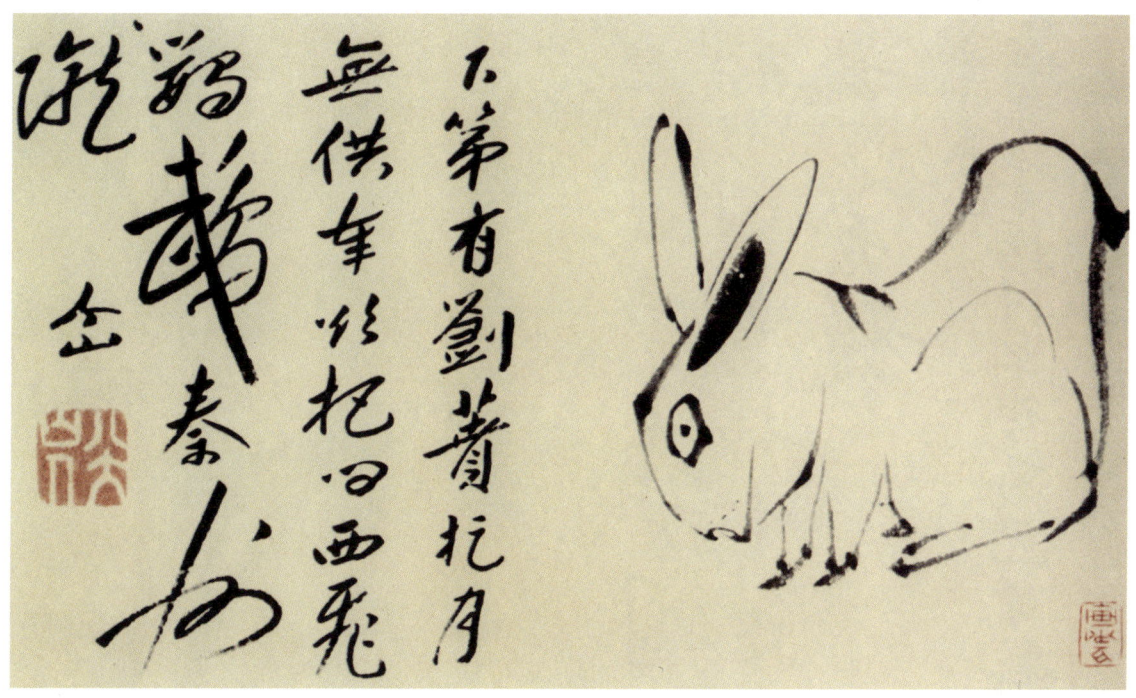

兔　八大山人

大昕对这种现象做出了解释。他认为，"兔"字的古音应该读成"免"。他还指出，在今本《说文解字》中一些读成忙辨切、芳万切的"兔"声字，都是把"免"字去掉一笔而成的；而"鞭""娩"声字读成"免"声字的矛盾。而这种假说需要更多的文字学实例来证实。

二、兔迹易寻

虽说"兔"字的读音颇有让人困惑之处，而"兔"字的字形却让人一见便识。在甲骨文中"兔"字写作 ，长目短尾，活灵活现，"兔"态可掬。"兔"是个象形字，《说文解字》中说："兽名。象踞，后其尾形。"《段注》："其字象兔之蹲，后露其尾之形也。"《殷虚文字》录"兔"字为 ，《字形表》录妇好墓铭文为 ，从三个方面用文字象形的方式表达出兔的特征：或长长的眼，短短的尾巴，或长长的耳朵，短短的尾巴，弓身鼓腹，兔头兔脑之态跃然纸上。

三、兔意宛然

《说文解字》中一些从"兔"旁的字，有两方面的含义：一是机灵，二是跑得快。如《说文解字》："㲋，狡兔也。"又"兔，失也……兔謾訑善逃也。"《说文解字》："毚，疾也。"但说到"娩"字，问题又出来了。《说文解字》娩，兔子也。娩，疾也。一字两音。王筠《说文释例》分析说，读成"兔"韵的"娩"字与"毚"通，是疾速的含义；而读成"免"韵的字是兔子的含义，并举出《尔雅》中"娩"字的两个读音作为例证。读成fàn的为兔子之意，读成fù的为迅疾之意。

四、兔闻多多

说起和兔子有关的典故，可谓如数家珍，比如东兔西乌、动如脱兔、龟毛兔角、狐死兔泣、狐兔之悲、见兔放鹰、见兔顾犬、狡兔三窟、惊猿脱兔、犬兔俱毙、守株待兔、兔起凫举、兔起鹘落、兔死狗烹、乌飞兔走等等。下面选择故事

家兔　吴友如

性强的，略举一二。

1. 狡兔三窟

《战国策·齐策四》中记载：齐国国相孟尝君门下有个食客名叫冯暖，足智多谋，聪明善辩。一次，孟尝君派冯暖到薛地去收债。冯暖问孟尝君："收债之后买些什么东西回来？"孟尝君说："你看我缺什么就买点什么吧。"

冯暖到了薛地，看到欠债的人都是穷人，立即以孟尝君名义宣布，债款一笔勾销，还把债务契约烧掉了。当孟尝君知道冯暖以他的名义免除了薛地债务后，非常生气。冯暖说："你的财富应有尽有，这次我却把仁义替你买了回来。"

后来，孟尝君被齐国国君废除了相位，退居薛地生活。薛地百姓听说孟尝君来了，扶老携幼，走出数十里路去迎接孟尝君。孟尝君恍然大悟，明白了冯暖为他买的仁义价值所在，连连感谢冯暖。冯暖说："狡兔三窟，才免去死亡危险；而如今你只有一处容身之地，还不能高枕无忧啊！"

2. 守株待兔

《韩非子·五蠹》记载：宋国有个农夫正在田里劳作，突然，一只野兔从旁边的草丛里慌慌张张地窜出来，撞在田边的树墩儿上。它跑得太快，把脖子撞断了。农夫喜出望外，一点力气没花，就白捡了一只大野兔。他想，要是天天都能捡到野兔，那日子……从此，他不再种地了，天天守在树墩儿旁，等着野兔自己撞到树墩儿上来，而他的田地却荒芜了。

山兔　吴友如

3. 兔死狐悲

《宋史·李全传》记载：南宋时期，在抗金斗争力量中，最著名的是杨安儿、李全等领导的几支红袄军。杨安儿阵亡后，杨安儿的妹妹杨妙真（号四娘子）成为起义军首领。后来，杨妙真和李全结为夫妻，两支部队汇合。公元1218年，他们归附宋朝，驻扎在楚州。公元1227年，李全被南下的蒙古军包围，城破投降。同年，宋朝派太尉夏全攻楚州。杨妙真派人去对夏全说："你也是从山东率众归附宋朝的，如今却带兵来打我们。打个比方说，狐狸死了，兔子感到悲伤哭泣；如今李全灭亡了，难道只有你能够自己保全自己吗？希望将军和我们团结起来。"夏全应允。

4. 兔死狗烹

《史记·越王勾践世家》记载：春秋时期，吴国大败越国。越王勾践不忘国耻，卧薪尝胆，经过十年的努力，后来打败了吴国。

辅助越王勾践灭掉吴国有两个重要人物，一个是范蠡，还有一个是文种。勾践在灭掉吴国后，准备拜范蠡为上将军，文种为丞相。范蠡不仅不接受封赏，还离开越国，隐居齐国。范蠡离开后，依然挂念好友文种，就派人悄悄送了一封信给文种，信中说：你也赶快离开吧，咱们的任务已经完成了。勾践心胸狭窄，只可与他共患难，不能同他共富贵。你要记住："飞鸟尽，良弓藏；狡兔死，走狗烹。"

可是文种不相信越王会加害自己，不肯离

兔　刘继卣

开，并回信说："我功勋卓著，理当富贵，何必离开？"果然，在文种当丞相不久，勾践就给他送来当年夫差叫伍子胥自杀时用的那把剑，同时带了这么一句话：先生教给寡人七种灭吴的办法，寡人只用了三种，就把吴国给灭了，还剩下四种没有用，就请先生带给先王吧。文种这才后悔当初没有听范蠡的话，无奈之下只好举剑自杀了。

5. 兔起鹘落

从前，有个人要去打猎，想买只鹘追猎物；可是他不认识鹘，买了一只野鸭子回来。原野上兔子跑了出来，他就把野鸭子向空中抛去，让它去追兔子。野鸭子却从空中掉在地上，他又一次把野鸭子抛出去，又落到地上。这样反复了三四次，野鸭子晃晃悠悠着走到猎人面前，对猎人说："我是一只鸭子，杀我、吃我，还则罢了，何必乱抛乱扔来折辱我呢？"猎人说："我以为你是鹘，可以捕捉到兔子，怎么你竟会是鸭子啊？"野鸭子举起脚掌笑道："你看看我这脚手，可以按住那兔子吗？"

兔字的不同写法

说文解兔

玉兔回眸　歌舞吉祥

孙杰妤

卯兔　刺绣

听觉非常灵敏，它飞奔的速度更是令许多动物望尘莫及。在人们心目中，兔子举止文雅，是仁慈和蔼及爱美的象征。兔子与中国的渊源很深，目前所发现最早的原始兔生活在距今约四千五百万年的始新世，在河南卢氏盆地中发现有它的化石，被称为卢氏兔(Lushilaus)。与这悠久的自然兔历史相对应，中国的家养兔历史也是世界上最早最久的。虽然一般认为现代家兔都是欧洲穴兔驯养而成的，但在距今八千年前的河姆渡遗址中就已经出现了人兔相伴的绘图，在以后的历史发展中兔子的形象也在中华文化中占有着重要的位置。

　　中国与兔子有关的神话传说，早在嫦娥奔月的神话中就已出现，嫦娥奔月后在月宫里养上了兔子。嫦娥的丈夫就是著名的善射的后羿。据考古学家考证，至少在夏代我国就已进入文明社会。后羿率东夷族的有穷氏部落曾一

　　兔子是种非常温顺的动物，在中国很早就被人们饲养，成为主要家畜之一，与人们的生活有着密切的关系，在人们的社会生活中扮演着重要的角色。因此，兔子的形象自古便出现于各种文学艺术作品中，艺术家们通过对兔子的表现，反映了人们对幸福生活的期盼，对真善美的追求。山东潍坊地区民间美术中的兔子形象，不仅具有审美性，也在一定程度上反映出其历史的文化特征。

兔子在中国传统文化中的角色与形象

　　动物学上的兔子与中国人对兔子的驯养
　　兔子是一种人见人爱、非常温驯的动物。它的

青铜铭纹饰上的后羿

玉兔回眸 歌舞吉祥

寒浞冢

这一年就是兔年，而在这一年出生的人的属相就属兔。清晨五点至七点属卯时，天刚亮，兔子出窝，喜欢吃带有晨露的青草，故为"卯兔"。此外，兔子在先秦时期还具有礼的功能，被用于祭祀，《礼记·曲礼》就将兔子列为能够被用于祭祀的吉祥动物之一。在古天文学上，兔子也有自己的位置，如在二十八星宿之中，代表东方苍龙的"房宿"，就叫"房日兔"。

玉兔既是月亮的化身，古人在拜月时，兔子自然也是少不了的主角之一。到明代时，就形成了拜兔的风俗。据明纪坤的《花王阁剩稿》记载，那时就已经出现了穿戴衣冠端坐的泥塑白兔，中秋节时家家户户都要向这只拟人化的白兔像行礼祭拜，皇室贵族女子称其为"太阴君"，潍坊民间百姓则称之为"玉兔爷"。随着时间的推移，拜兔的习俗已经消失不见，但泥白兔却成为历史和文化的见证，并被保留至今，它就是如今中国的传统泥塑"兔儿爷"。人们把兔子视为吉祥之物，在过去，民间在农历正月十五即元宵节的晚上有打兔子灯的习俗，兔子灯所到

度夺取了夏王朝的政权，不久后羿又被其亲信寒浞所杀。寒浞是寒国国君伯明之子。寒国，就在当今山东潍坊市的寒亭区。至今寒亭境内仍留存众多寒浞文化遗迹。如寒亭村边的浞河，因寒浞而得名；浞河东岸寒浞冢；仓上村寒浞囤粮地；马宿村寒浞军马驻扎地；嫦娥奔月台旧址。境内还留有寒亭高庙等。由此可见，嫦娥怀抱的玉兔自然与潍坊有着深厚的渊源。

传统文化中的兔子　兔子除在文学和神话传说中有着丰富的内容与涵义外，还在纪年记时上扮演着重要的角色。在中国古代的纪年方法中，天干对地支，并配以相应的动物，以十二年为一个周期，称之为十二地支。在十二地支中排在第四的是"卯"，其代表动物就是兔，

之处就意味着把吉祥和好运送到了那儿。说到吉祥与好运，在民间还有蛇盘兔的说法。学者苗红磊在《中国美术百科全书》"蛇盘兔"条释文中说：

兔儿爷

"蛇又称'小龙'，充满着神秘色彩，常常被视为是一种神异、吉祥的神灵，在民间是一种被崇拜的动物。古代伏羲女娲交尾图就是人首蛇身，所以，蛇与人类的繁衍也有关系。兔子温柔玲珑，相传是瑞祥之物，……在北方农村秋收时节常常可以在田地里看到蛇盘着兔，而且越是丰收之年，这种现象就越多，这是丰收之年的征兆，所以有'蛇盘兔，家家富'的

山西晋城玉皇庙元代彩塑二十八宿之一：房日兔

民谣，以示丰收富裕。另外，生肖中以为蛇机智灵活，善于敛财，兔柔顺温和，善于守财，两者是最吉利的婚配属相，因此也有'蛇盘兔，必定富'的民谣，表达婚姻幸福美满。"

人们沿用这一吉祥物来迎神接福，其中寄寓的是人们祈求神灵保佑，期盼来年五谷丰登、人畜兴旺、家庭和美的美好愿望。

在潍坊地区的民间文化中，兔子的形象更是历史悠久，趣味横生。潍坊人常说，属兔的人心地善良、感情细腻，能为别人着想，很有人缘。兔子的形象代表着温柔、博爱、纤弱、仁慈，潍坊民间传统中认为属兔的人在文静的外表下，还有着一颗坚定不移的自信心。

潍坊地区民间美术与兔子形象的塑造

中国民间美术的特点之一，就是在题材选取与内容表现上与人们宗教信仰、民情习俗，以及生产劳动和日常生活有着密切的联系。而兔子作为人们饲养的家畜之一，与人们的精神和物质生活密切相关，因此，兔子的形象出现在民间美术的各个门类中实在是顺理成章的事情。

兔样风筝 风筝作为潍坊地区最具特色的民间美术门类，具有悠久的历史和丰富的种类与样式。潍坊风筝的造型采取扎制与彩绘相结合的手法，创作成各种动物形象，而其中的兔子形象多采用彩绘的形式在已扎制裱糊好的风筝上画出。以十二生肖风筝中尤以兔子形象最为活泼可爱，它被描绘成一种与人为善的、充满童真童趣的形象，反映了人们对兔子这种吉祥温顺动物的喜爱。近年来兔子还以动画卡通的形式出现在风筝上，其夸张的造型和嫉恶如仇的正义形象，在反映了人们善恶价值判断的同时，还说明了潍坊风筝在扎制及彩绘技术上的与时俱进。

兔样刺绣 刺绣是中国的一项古老的女红工艺，具有悠久的历史和广泛的群众基础。山东作为古代中国社会、经济发达的地区之一，

玉兔回眸 歌舞吉祥

嫦娥奔月　杨同科　山东潍坊
纸　板子类　高75厘米　宽70厘米
杨同科早年做人物风筝。"圆板"适圆月，设计结合自然，彩绘质朴古拙，可见潍坊早年民间风筝之朴实面貌。

嫦娥　路英　潍坊风筝博物馆藏
绢　硬翅类　高5米　宽4米
作品取材民间传说，工笔彩绘，用笔认真。

十二生肖艺术丛书·卯兔

女红刺绣更是深入城乡，普及广泛，汉代王充在《论衡》中有"齐都世刺绣，恒女无不能"的记载。潍坊在春秋战国至秦汉时皆属齐地。潍坊刺绣明代时在民间已较为普遍。兔子这个较受人们喜爱的形象更是出现在潍坊女红刺绣的众多形式和种类中：主要有民用绣品（妇女孩童的衣着、床上用品、帷帐、荷包等）；戏装戏具（各类剧种的戏衣戏具无不一应俱全）；艺术绣品（名人字画绣品、祝寿礼品等）。温柔善良、喜庆吉祥的兔子形象，经过千百年的刺绣实践，形成了浓郁的潍坊地方色彩。潍坊刺绣的特点是选取吉祥如意的题材及与生活密切相关的内容，如花鸟鱼虫、珍禽瑞兽等，采取寓意手法表达主题；其构图针法多样，色线丰富匀称，形象简洁夸张，有较强的装饰性，风格朴实，使人感到温馨愉悦。其中兔子形象的刺绣，配色明快，鲜艳热烈，绣工精致，针脚细腻。特别是妇女儿童用品，更是将兔子憨态可掬、机动灵巧的形象充分表达了出来，深受人们的喜爱！

年画与兔子形象 年画是潍坊地区在全国乃至国际上具有影响的民间美术种类之一，以寒亭杨家埠木版年画最为著名。在杨家埠年画中兔子虽然不是画面的主体形象，但在许多题材中也有兔子的形象出现，如兔子夸张拟人化的形象就常出现在神像类（兔神游人间）、美人条（嫦娥怀抱玉兔）、金童子（兔童乐呵呵）、山水花鸟（兔有百态）、戏剧人物（孙悟空棒打玉兔精）、神话传说（兔儿爷下凡）等题材的画面中。年画《桂序升平》，是当时儿童礼拜兔儿爷的真实写照。图中兔儿爷居案中高坐，面前供有西瓜、石榴、桃和月饼。两童子跪拜，另一稍长者击磬助兴，情景动人。这种场面于中秋节夜晚随处可见。同时也有反映民间生活、针砭时弊之作，但喜庆吉祥是杨家埠年画中兔子形象的主题。诸如吉祥如意、欢乐新年、恭喜发财、富贵荣华、年年有余、安乐升平等，兔子特有的形象像亲人的祝福，似好友的问候，兔子喜庆吉庆的欢欣形象将家家户户打扮装饰得节意浓郁、喜气洋洋。

杨家埠木版年画中的兔子形象根植于民间，土生土长，集中了劳动人民的艺术才能和勤劳智慧，凝结了广大劳动人民纯朴的思想感情和对美好生活的强烈愿望。在塑造兔子的表现手法上长期以来形成了鲜明的艺术特点，它通过概括、象征、寓意和浪漫主义手法来体现兔子的主题，构图完整、饱满、匀称，造型夸张、朴实，线条简练、挺拔流畅，色彩艳丽火爆，对比强烈，富有装饰性和浓郁的生活气息。从兔子形象的表现上可以看出潍坊地区劳动人民善良勤劳、幽默淳朴、爱憎分明的性格特点和高尚的道德情操以及健康向上、朴素真挚的审美情趣。

泥塑与兔子形象　　在潍坊地区，泥塑又名泥人，是一种非常有群众基础的民间美术形式，以高密和安丘两地所产最多。高密泥塑以聂家庄出产的最为有名。据记载，聂家庄泥塑源于明代万历年间，至今已有四百余年的历史。清康熙年间，由于受当地民俗的影响和老百姓对幸福生活的渴望，曾有段民谣广为流传："聂家庄，朝南门，家家户户捏泥人。"艺人们开始由做"锅子花"向做泥娃娃、禽、兽、鱼等供祈望美好生活和儿童玩耍的泥玩具发展。至嘉庆年间，聂家庄泥塑有了较大发展，艺人们在制作泥玩意儿时巧妙地将其分成两部分，加上了苇哨，使动物有叫声。做法是在"叫兔""叫虎"、"摇猴"、"叫狮"等的胎体内留空，并在腰间用羊皮或纸皮粘接，使之活动挤拉时，空腔内的空气受到挤压，通过苇哨发出或洪亮、或清脆的声音。聂家庄兔子泥塑也逐渐由"呆"玩意儿发展成会动、会叫、会逗趣的"活"玩意儿，进入了成熟期，受到了儿童的喜爱。

"每届中秋，市人之巧者用黄土抟成蟾兔之像以出售，谓之兔儿爷。有衣冠而张盖者，有甲胄而带寿旗者，有骑虎者，有默坐者。大者三尺，小者尺有余，其余匠艺工人无美不备，盖亦而虐矣。"兔子泥塑所表现的题材范围非常宽泛，不仅仅包括日常生活的人和事，而且包括了传说、神话、故事、历史、动物等多种题材。兔子泥塑以泥兔娃娃、叫兔、摇兔等为主要品种，其造型优美，大胆夸张，手法简约概括。它还借鉴年画的色彩运用，突出大红大绿，色彩艳丽，对比鲜明。设计巧妙，动作有趣，拉动或摇动泥塑品就能发声，能叫能响，是聂家庄泥塑区别于其他泥塑的最大特征。"刮打嘴兔儿爷"胎体中空，活安嘴唇，系线自体腔中引出，下扯其线，兔唇乱捣，嗒嗒有声；又有"活臂兔儿爷"，下扯其线，双臂挥举做捣药状。这样的兔儿爷已完全丧失了神佛的身份，彻底转化为民间玩具。

安丘泥塑的主要产地在景芝一带，据说始于清代。兔子的形象也深受勤劳善良的景芝人民喜爱，传统作品有兔子不倒翁、兔泥孩儿、泥猴等等，作品形象生动，涂色鲜艳，制作时颇有技巧。如在制作"兔泥孩儿"时，"泥兔孩儿"之类声音较脆，若用手促动，"泥兔孩儿"便"嗷嗷"而叫，故亦称为"摇拉兔孩子"。泥塑兔玩具生动之形象、鲜艳之着色、精巧之制作很受人们喜爱。随着制作工艺的完善，人们生活水平的提高，作为泥塑的兔子玩具，亦成为室内极有品味与文化内涵的装饰物，更何况兔子还有那么多美好的寓意。

剪纸与兔子形象　　剪纸作为一种古老的艺术形式，早在北魏时就已出现，它成本低，操作简单，简便易学，在民间非常普及。潍坊地区的高密与昌邑两地民间剪纸尤为盛行，其历史悠久，取材广泛，技法融江南剪纸之纤巧和江北剪纸之粗犷于一炉，风格独特。剪纸艺人遍及千家万户，在艺术上运用了对立统一的手法，块与线组成黑、白色调，相互衬托，对比强烈，富有韵律感；线条刚劲挺拔，有金石味；造型稚拙粗犷而不呆板，夸张变形而不失真。所剪物象粗犷中显清秀，拙朴中藏精巧，玲珑别透，又质朴可爱。尤其动物剪纸，构思浪漫而不浮夸，造型严谨而不拘泥，动作情态若似活物跃然纸上。在"窗花""鞋花""顶棚花""馍馍花""枕顶花"等样式和五谷庄稼、生肖胖娃、猪马牛羊、鸡犬鹅鸭、牡丹鸳鸯、白蛇

玉兔回眸　歌舞吉祥

福

西厢等题材内容的作品中,寄托了作者和人们的美好愿望。作者运用阴剪和阳剪手法,巧用黑块和细线,善使锯齿纹和光滑面,有定规而不拘束,剪出了粗犷而精巧、简约而不单调、质朴而灵秀、生动又传神的艺术效果。

　　兔子在潍坊民间剪纸的题材内容中占有重要位置,不仅作为十二生肖之一组团形象出现,更以独立的艺术形象结合美好的民间传说出现。涉及兔子形象的剪纸题材多为戏剧故事、吉祥图案、生活习俗等,其中将兔子与"福""禄""寿"字样完美结合在一起的剪纸式样更是潍坊民间剪纸艺人的智慧结晶,深受群众喜爱。在剪纸中,兔子的形象以构思精巧见长,构图或简或繁,但简而不空,繁而不塞,千变万化,其手法多夸张变形但又不失其真。作者兴之所至,随心创作,作品不拘成法。兔子的剪纸形象含蕴着民族文化的深层心理。民间美术的兔子剪纸形象作为中国本源哲学的体现,在艺术表现上有着全面、美化、吉祥的特征,同时民间剪纸中的兔子形象用自己特定的表现语言,传达出传统文化的内涵和本质。

　　面花与兔子形象　　"面花"是一种面食艺术,也是中华民族优秀文化传统中的一种"饮食文化"。人们用来之不易的白面粉,制作成各种不重样的小动物、小花馍,既好吃,又好

看,还好玩,成为母亲对幼儿进行启蒙教育的最好教材和道具。包括潍坊在内的山东地区是我国重要的小麦产区,因此以小麦面粉为主要原料的面食制作及其所衍生出来的面食文化既历史悠久,又非常普及,盛行不衰。潍坊城乡的面花制作一般在每年的麦收之后,新麦归仓,或者是在年节嫁娶等喜庆的日子里,家庭主妇们就用新磨面粉制作几锅面花,用于馈赠亲友、犒赏家人,共同庆祝丰收的喜悦。面花的制作也是家庭主妇们施展自己才艺的机会,面花蒸熟后大家相互展示,一比高下,同时也是相互学习的机会,来年更会有新的花样出现。面花的取材极其广泛,花样繁多,如母子猴、石榴、寿桃、小鸟、鸡鸭、水族、家畜以及"十二生肖"等,形象夸张变形,姿态变化多端,神情生动可爱。兔子作为一种祥瑞的动物,自然出现在面花中,它或与十二生肖中的其他动物组合搭配,构成一组既统一又富变化的面塑组群,或以个体的造型表达着主人的美好愿望与对幸福生活的期盼。在形象塑造上,作者以简练概括的手法,将兔子那稚气的眼神与憨态可掬的姿态表现得淋漓尽致,令人忍俊不禁,爱不释手。

　　兔样纸扎　　纸扎,又称扎作、糊纸、扎纸库、扎罩子、彩糊等,是一种用竹、木以及金属丝扎制成所需造型的骨架,然后根据创作需要,糊上宣纸、绵纸、毛边纸或绸绢等材料,最后进行绘画图案,融剪纸、绘画、草编和裱糊于一体的民间工艺美术形式。在民间,纸扎

的主要形式是风筝、灯笼以及民俗、祭祀活动的刀具等。在潍坊地区纸扎相当普遍，有千余年的历史。纸扎的传统作品有：风筝，灯笼，业余剧团的道具，民间文艺演出时用的旱船、龙灯、狮包等等，还有祭祀所用的金山、银山、箱柜、摇钱树、纸人、纸马等。兔子因其形象美好、性格温顺，具有祥瑞寓意而备受人们喜爱，因此成为纸扎中的常客。每逢节日或喜庆之际，以兔子形象出现的各式纸扎更是层出不穷，如十二生肖中的兔样纸扎、兔样纸扎玩具，形态与色彩各异的兔子纸灯并配上灯谜更是一笔民俗文化亮色。兔样纸扎是生活的原发性艺术，是生活与审美相结合的产物。兔样纸扎在造型上不求物体的重量感和形象的肖似，而以扎、塑、绘、编结合，虚实相生，色彩浓郁，形态空灵，夸张变形，注重神思和特征的刻画，以彩纸、麦秸、芦苇、竹子等为廉价原材料，扎制出人们喜爱的各种兔子形象并随时代发展而有所演变。兔子形象的纸扎是将在日常生活中获得的具象造型抽象化，具有浓郁的民俗气息，成为一种富有特色的民间民俗文化。

潍坊地区民间美术中兔子形象的人文意义

在原始社会，相传以蛇为符号的部落与以兔为符号的部落产生了矛盾互相厮杀。幸亏两位明智的酋长怜惜生灵，通过谈判，取得和好，并合为一个部落，兴旺发达强盛起来。从此"蛇兔团结"传为佳话，还编出了"蛇盘兔，必定富"的谚语流传至今，作为美满幸福的象征，用于男婚女嫁。类似谚语如"喜珠石榴蛇盘兔，荣华富贵必定富""蛇盘兔，家家富""青兔黄狗古来有，万贯家财足北斗"等等，都蕴含有渴望家庭幸福和谐、子孙繁衍的寓意。

兔子的美好形象寄寓了人民群众对美好生活的向往、对平安祥和社会的企求与良好愿望。潍坊地区多种民间艺术样式中的兔子形象及其造型，为了更好地形诸人的视觉，起到寓教于心、寓美于目的目的，在工艺材料上，几乎使用了所有的天然特质材料来塑造，无处不表现出潍坊地区丰富的物产。兔子形象中所蕴含并反映出的丰富民俗文化和思想内涵，说明了潍坊地区丰厚的文化积淀和优良的传统。而丰富多样的兔子造型及制作描绘手法，则显示了该地区人民群众尤其是广大民间艺人高超的艺术创造力与聪明才智。他们绝大多数没有经过专门的艺术训练，从事艺术活动完全出于自觉和爱美扬善的本性。为了表达自己的情感和生活的需要，为了展示对美的追求，民间艺人在创作时不受任何艺术规范的约束，颇有"放手直干"的味道。作品稚拙、粗犷，看似不合艺术的"常规"，但是从不矫揉造作，透出的是潍坊人质朴、率真的性格，表现出的是淳朴之美。不论从题材到内容，从形式到手法，作品都反映了一种对美好的追求、对生活的热爱、对乡土的真情、对理想的追求、对幸福的祈望，并由此体现出一种乐观、向上、健康的精神，形成了我们民族的风貌和民族的气派。民间美术中的兔子形象在几千年的历史发展中显示了其强大的艺术生命力，是我国民族艺术中很重要的组成部分。

玉兔回眸　歌舞吉祥

嫦娥奔月

紫辰编写／楼家本绘

内容提要

天上的大神羿，为民除害，立下了大功，可是自私的天帝却不准羿回到天庭。羿为了满足妻子嫦娥的要求，向西王母讨来长生不死的灵药，但被嫦娥独吞，并且飞到了月宫，再也不能回到人间。羿遥望月宫，满腔悲愤，诅咒天帝对他不公平的惩罚。

1. 羿来到人间，射掉了九个作恶的太阳，百姓称颂他为英雄。现在，他又要出去为百姓除害了。临别时嫦娥依依不舍，希望羿能早点回来，以便夫妻双双重返天庭。

2. 羿来到中原地方，遇到一种怪兽，名叫猰貐。这怪兽龙头、虎爪子、叫起来像婴儿哭。走近它的人们，都被它吞吃了。

嫦娥奔月

3.羿看到猰貐正在吃人,就和它搏斗起来。最后,一箭把它射死了。

4.在南方畴华之野,羿又遇到一个叫凿齿的怪物。这家伙长着牛头、人身子,嘴里的两排大牙像凿子,吃起人来连骨头都不剩。这一带的百姓整日提心吊胆,唯恐碰上它丧了性命。

5.据说凿齿还是个天神,它深知羿箭术的厉害,连忙拔起一棵树当盾牌保护自己。但是,羿用的是神箭,尖锐有力,盾牌是挡不住的,凿齿也中箭死了。

6.北方有一条河叫凶水,凶水里有一个九头的怪物叫九婴。它身子像蛇,可长着翅膀。这家伙很凶,吐出水能淹没田地,吐出火能烧毁村庄。凶水两岸被他闹得没有人敢住了。

105

7.现在,九婴的末日到了。羿腾空而起,连射九箭,每支箭射中九婴一个头,最后把它射死在波涛汹涌的河水中了。

8.羿经过东方青丘之泽,突然遇上了大风。大风刮得飞沙走石,天昏地暗,人的眼睛都睁不开了。羿用手当遮沿,抬头一望,只见一只大鸟正在扑打翅膀,扇起狂风。

9.这鸟叫大风鸟,力大无比。它扇起狂风能吹倒庄稼,刮跑房屋。羿怕一箭射不死它,它会带箭逃跑,所以事先在箭尾上拴了一根长绳。羿射中大鸟后,拉住绳把它拖了下来,用剑砍死了它。

10.洞庭湖里有一条巨蟒,兴风作浪,不知有多少渔船被它弄翻,多少渔民被它吞吃,人们都不敢进湖打鱼了。现在,羿驾着小船而来,要除掉这个妖魔。

嫦娥奔月

11.船到湖心，羿便遇上了巨蟒。巨蟒昂头吐舌，掀起了排山倒海般的浪涛。羿连射数箭，巨蟒都不在乎，还是一个劲儿往前蹿。

12.羿只好拔出宝剑，在滚滚波涛中和巨蟒搏斗，最后把巨蟒斩成数段。

13.林里有一头大野猪，叫封稀。据说它是神变的。这家伙力大无穷，能把小山丘拱倒。它还经常出来糟踏庄稼、伤害人畜。老百姓对它没有一点儿办法。

14.羿进了桑林，对准猪腿连射几箭，把它射倒活捉了。这家伙拼命嚎叫，想叫天帝听到，派人来救它，可是无济于事。

15．羿给老百姓除了六害，心里非常痛快。他把野猪宰了，把肉分给众乡亲，自己留了一大块最好的肉蒸熟，准备献给天帝。他心满意足地说："这番来到下界，总算没有辜负天帝的期望。"

16．羿把肉恭恭敬敬地献给天帝。不料天帝却恼怒地对他说："你射死了我九个儿子，又杀了我的神，我想起这些事就伤心。从此以后，你们夫妻不要再回天上了。我不愿意再看到你们！"

17．羿碰了钉子，心里挺难受。他想：我为老三姓办了那么多好事，天帝不但不表扬，还要惩罚我，太不公平了！他越想越委屈，几乎落下泪来。

18．回到家，羿把天帝的话向妻子嫦娥说了。嫦娥不但不同情他，反而哭哭啼啼地埋怨开了："我是女神，从小就生活在天上，现在回不去怎么办？都怨你……"

嫦娥奔月

19.嫦娥一哭,羿心里更加烦恼,于是带上家丁,乘上马车,出外游猎去了。

20.羿整天在外面漫游,借着追逐野兽的乐趣,排除心中的烦恼。

21.有一天,嫦娥对他说:"别的事我不怪你,只怨你得罪天帝,落得个做凡人的下场。你要知道,凡人是会死的,死了要和鬼混在一起。那种日子我受不了。"

22.羿愁眉苦脸地说:"我也不愿意到鬼的世界里去混,可又有什么办法呢?"嫦娥说:"听说西王母有不死的灵药,你去要一点儿,咱俩吃了就可以长生不老。"

23.嫦娥的话提醒了羿,他高兴地说:"我明天就去!"第二天一早,羿骑上大白马出发了。

24.王母住在西方的昆仑山上。昆仑山是神住的地方,外面有火山包围,日夜燃烧,凡人是进不去的。羿靠着自己的神力,奋力穿过了火焰山。

25.过了火焰山,还有一道弱水。一片羽毛掉在弱水里都会沉下去,更不用说乘船了。所以,多少年了,谁也过不了弱水。现在,羿经过艰苦奋斗,也渡过去了。

26.跨过火山和弱水,又走了一万一千里,羿才登上昆仑山顶,看见了西王母住的瑶池。

嫦娥奔月

27. 西王母是一位深明大义的神，很同情羿的遭遇。她拿出不死灵药，对羿说："就剩这些了，你们两个人吃了可以长生不老，要是一个人全吃了还会成神上天。"

28. 羿回到家，把灵药交给嫦娥，叫她保管好，等挑个好日子，两个人一起吃。羿嘱咐嫦娥说："就这么一点儿药了，两个人吃了可以长生不老，一个人全吃了可以成神上天。"

29. 羿非常疲劳就早早歇着去了。嫦娥独自坐在灯下，取出不死灵药细看。她想：吃了灵药虽说可以长生不死，但仍是做凡人哪，这太冤枉了，还是回到天上去做神好。

30. 她越想越觉得羿对不起她，一赌气便一个人把灵药全吞吃了。立刻，奇妙的事情发生了，嫦娥觉得身体轻飘飘的，脚离开了地。

31.她身不由己地飘到了窗外。

32.一轮明月,万里晴空,嫦娥飞上了天。

33.飞到哪里去呢?嫦娥想:如果回到天庭,天帝会责备自己不服从命令,众神也许要讽刺自己背弃丈夫……看来只好先到僻静的月宫里躲一躲了。于是,嫦娥直向月宫飞去。

34.月宫里冷冷清清,除了一只白兔、一只蟾蜍、一株桂树,别的什么也没有。嫦娥感到孤独和寂寞。

35.嫦娥越觉得寂寞,越是想羿,越想羿越是后悔。悔不该不识大义,埋怨丈夫为民除害;悔不该背弃丈夫,偷吃不死灵药;悔不该抛弃家庭,夜奔月宫。

36.她遥望人间,恨不得立刻回去。但是,灵药已经吃下去了,后悔已经晚了,她只能在月宫住下去。实在太寂寞了,她就借着月光翩翩起舞。

37.羿半夜醒来,发现嫦娥不见了,再看灵药已经没有了,心里就全明白了。

38.羿仰望夜空,发现明月中隐隐约约有个人影,好像就是嫦娥。他心中忽然一阵悲愤,长叹一声:"天帝为什么不公平呢?我为百姓做了那么多好事,却这么残酷地惩罚了我!"

嫦娥奔月

兔的故事

守株待兔

守株待兔是一则成语故事，出自《韩非子·五蠹》："宋人有耕田者，田中有株，兔走触株，折颈而死。因释其耒而守株，冀复得兔。兔不可复得，而身为宋国笑。今欲以先王之政，治当世之民，皆守株之类也。"

韩非子讲的这个故事说的是：宋国有个农夫在田中耕作，有只兔子跑来撞死在田间的树上，农夫便扔下手中的耒守着那棵树，希望再得到一只自动送死的兔子。但再也没有兔子来，这个农夫为宋国人所嘲笑。

韩非子以这个故事来说明用先王的政策统，治当时的民众，就像守株待兔一样愚蠢。现在，一般用这个成语比喻只想得到意外收获而不主动争取。

白兔姑娘

这是一个流传于辽宁沈阳地区的故事。

从前，长白山下有一对兄弟，父母双亡。哥哥靠着自己的好箭法和一张弓，打猎养活弟弟。弟弟长大后，哥哥又帮助他成了亲。但弟媳却鼓动弟弟将哥哥排挤出去，于是，弟弟提出分家。哥哥慷慨地把一切家当都留给了弟弟，自己搬出去生活了。

一天，哥哥在打猎时看到一只恶鹰追捕一只白兔，便张弓搭箭向恶鹰射去，恶鹰应弦而死。那只白兔感激地望着哥哥，围着他转了几圈，才恋恋不舍地跑进草丛中。

秋天到了，哥哥在自己的屋里储放了一堆白菜，过了些天，他发现白菜少了十多棵，心里很纳闷。一个月色明亮的夜晚，他正要睡觉，忽然门开了，一只白兔蹦蹦跳跳跑了进来，叼起一棵白菜，又从房门跑了出去，他就在后边追。白兔在前边跑跑停停，最后跑进了一间树林中的小木屋。他跟进去一看，屋里有一位美丽的姑娘，白兔却不见了。那姑娘对他说："我就是你以前救的那只白兔，拿走你的白菜是为了把你引到这里来，报答你的救命之恩。"

哥哥和白兔姑娘相爱，决定结为夫妻，白

兔吃白菜　剪纸　江浙地区

兔姑娘一抬手，小屋变成了一座宫殿，她的很多女友不知从哪里一下子来到了宫殿里，为他们举行了婚礼。

他们过了一段很幸福的日子，但哥哥惦念着弟弟，要回去看看，临走前不知该给弟弟带些什么才好。白兔姑娘把他领到一间屋子里，屋里满是金银珠宝。哥哥见还有些黄豆，就带了黄豆准备送给弟弟。

到了弟弟家，哥哥掏出豆子，只见都是光闪闪的金豆子，弟弟和弟媳喜出望外。听哥哥讲了他的奇遇，弟媳就起了坏心，打算去抢白兔姑娘的宝库。她和弟弟偷偷一商量，弟弟也利欲熏心，同意去抢。两人假装殷勤，请哥哥喝酒。哥哥心怀坦荡，没有防备，竟被两人灌醉了。

弟弟和弟媳趁哥哥熟睡，出了家门，按照哥哥讲的方向，来到了白兔姑娘那里。白兔姑娘很热情地招待他们，他们迫不及待地向白兔姑娘要金银财宝。白兔姑娘就把他们领到了那个宝库。他们看到那么多的财宝，更按捺不住贪欲，觉得最好是占有整个宝库。他们趁白兔姑娘不注意，悄悄说定把她害死。弟弟操起了一根木棒就朝白兔姑娘头上打去，白兔姑娘一挥手，招来了一座大山，把这对恶人压死了。

白兔姑娘又把哥哥接了回来，他们相亲相爱，过着幸福的生活。

《西游记》中的玉兔精

《西游记》中的唐僧经历了八十一难，其中"天竺招婚七十八难"，是广寒宫捣药的玉兔变成天竺公主要招唐僧为驸马，引起事端。

原来月宫中的素娥，十八年前打了玉兔一掌，随后思凡下界，投胎到天竺国皇后腹中。出生后成为天竺公主。玉兔精怀那一掌之仇，私自偷开玉关金锁，来到人间。天竺国王带后妃、公主在御花园月夜赏玩，玉兔精把公主摄去，自己变成假公主。她知道唐僧来了，就借搭起一座彩楼，想招唐僧为偶，以成太乙上仙。

这一天午时三刻，唐僧和孙悟空行近楼

下，假公主焚香祝告了天地，在侍女们的簇拥下，取绣球抛在唐僧头上。宫女们和大小太监都向唐僧下拜，请"贵人"入朝堂贺喜。唐僧被众人拥到楼前，假公主下楼搀扶，同登宝辇，摆开仪从，回转朝门。国王听说女儿选中一个和尚，自然不高兴，但又不知公主是怎么想的，只好宣他们进来。唐僧只求倒换关文，去见佛求经。假公主却说："父王，常言'嫁鸡随鸡，嫁犬逐犬'。女有誓在先，结了这球，告奏天地神明，撞天婚抛打，今日打着圣僧，即是前世之缘，岂敢更移，愿招他为附马。"国王应允。唐僧也不谢恩，只求放赦。国王威胁说，再敢推辞教锦衣官校推出去斩了。唐僧只好求国王召三个徒弟来，倒换关文，让徒弟们去取经，国王也答应了。

孙悟空等三人见过国王，国王一面让他们和唐僧先在御花园馆阁歇息，一面安排公主的婚事。到了成亲的日子，孙悟空和唐僧商定，他和八戒、沙僧先换关文出城，他随即返回，保护师父。国王果然让悟空三人出城，悟空变成蜜蜂飞到宫中，见那假主头顶上微露出一点妖氛，忙爬到唐僧耳边，告知公主是假的，就使出法身抓她。随即悟空现出本相，揪住假公主。玉兔精见事不妙，挣脱了手，跑到御花园土地庙里，取出一根一头粗、一头细，像春碓白的杵一样的短棍，转身来打悟空，悟空举金箍棒相迎，两个就在园内斗起。后两人又大显神通，各驾云雾，杀在空中。斗了半日，不分胜败。悟空把棒变成千百条，乱打兔精。玉兔精终于斗不过悟空，逃遁山中，钻入洞窟。

悟空唤出土地与山神，问这山叫什么名字。二神回答："此山唤做毛颖山。山中只有三

玉兔精　皮影　陕西

处兔穴……"二神听说,即引行者去那三窟寻找,寻至绝顶上窟中看时,只见两块大石头,将窟门挡住。悟空用铁棒捎开石块,那妖邪果藏在里面,呼的一声就跳将出来,举药杵来打。悟空轮起铁棒架住,愈发狠性,恨不得一棒打杀。

忽听得九霄碧汉之间,有人叫道:"大圣,莫动手,莫动手!棍下留情!"悟空回头看时,原来是太阴星君,后带着嫦娥仙子,降彩云到于当面。慌得悟空收了铁棒,躬身施礼。太阴道:"与你对敌的这个妖邪,是我广寒宫捣玄霜仙药之玉兔也。我算他目下有伤命之灾,特来救他性命,望大圣看老身饶他罢。"悟空喏喏连声,只道:"不敢,不敢!怪道他会使捣药杵!原来是个玉兔儿!"太阴星君和嫦娥仙子让玉兔精现了原形,大家一齐到天竺国,向国王说明经过。太阴星君、嫦娥仙子收回玉兔回月宫,孙悟空又帮助国王找回了真公主。

"吐子成兔"

宋代话本《武王伐纣平话》,讲述周灭商的故事,其中有一段"姬昌吐子成兔"的情节:

暴虐的商纣王处死了周邑周人领袖姬昌之子伯邑考,并把他剁成肉酱,命令费孟送给姬昌吃。姬昌时被纣王囚禁在羑里,随时有被杀的可能,如果不吃这肉

姬昌

酱,就会死于暴君之手,只好强忍着悲愤,装出高兴的样子吃下了亲子的肉,说:"这肉真好吃。"费孟回去报告纣王说:"姬昌接过那肉,笑着吃了下去,他不是什么贤人。"纣王听了很高兴,认为姬昌既然算不得贤人,将来也不会对自己有威胁,便下令释放了姬昌。

姬昌脱离了囚牢之苦,上马出羑里城走了十几里路,下马用手探触自己的喉咙,把吃的东西全吐在了地上,其肉都变成了兔子。姬昌大哭。据说这里后来叫"吐子冢"。

姬昌后来被尊为周文王,他的另一个儿子周武王率领军队灭掉了商,建立了周朝。

姬昌"吐子"因与兔子谐音,由此成为民间传说故事中解释兔子为什么叫兔子的依据。

兔子捣药的故事

在神话传说中,最早的捣药玉兔可能属于西王母。河南南阳汉画像石上有玉兔在东王

兔捣药蟾　举白　汉画像石

公、西王母座下捣药的形象。山东嘉祥五老洼出土的东汉早期画像石上,就有女神西王母身旁有三只玉兔,其中一只正在捣药的场景。四川新津出土的东汉晚期画像砖上,也有西王母和玉兔。因为据说西王母有不死之药,而后羿向西王母求得此药,被他的妻子嫦娥窃服奔月,为西王母捣药的玉兔捣的大约是不死之药,与嫦娥有关,所以经过神话的演变、发展,

玉兔成了嫦娥之伴。以后，又有了玉兔在月宫中捣药之说。

玉兔为什么捣药？民间传说有三位神仙，有一天化身为三个可怜的老人，向狐狸、猴子及兔子乞食。狐狸及猴子都拿出了食物接济老人，但只有兔子没有拿出食物。兔子对老人说："你们吃我吧！"说完就跳进了烈火中。神仙们大受感动，于是将兔子送到了广寒宫，成仙做了玉兔。从此以后，玉兔就在广寒宫里与嫦娥相伴，在桂树下捣制长生不老药。

龟兔赛跑

龟兔竞宙新解

华君武

很久以前，乌龟与兔子之间发生了争论，它们都说自己跑得比对方快。于是它们决定通过比赛来一决雌雄。确定了路线之后它们就开始跑了起来。

兔子一个箭步冲到了前面，并且一路领先。看到乌龟被远远抛在了后面，兔子觉得自己应该先在树下休息一会儿，然后再继续比赛。于是，它在树下坐了下来，并且很快睡着了。乌龟慢慢地超过了它，并且完成了整个赛程，无可争辩地当上了冠军。兔子醒了过来，发现自己输了。

兔子失败是因为骄傲，乌龟之所以取得胜利，是因为它有坚强的意志和持之以恒的精神。

射月亮的故事

瑶族民间传说中有一个雅拉射月的故事。

传说远古时期，天上只有太阳，没有月亮和星星，太阳落山后，世间一片漆黑。

有一个晚上，天空中突然出现了一个发热月亮，它不方不圆，七棱八角，把田里的禾苗晒焦，把人们晒得汗流气喘。

神箭手雅拉为了救大家，爬上山顶向月亮连射了一百枝箭，但箭都在半空中落了下来，月亮依然是热辣辣的。后来，他听一位白胡子老人说射月要用虎尾弓、虎筋弦、鹿角箭，便和妻子尼娥商量办法。尼娥是织锦的好手，她用自己的头发织成一张网，捉到了老虎和高鹿，制成虎尾弓、鹿角箭。

雅拉又去射月亮，鹿角箭碰到月亮就返回来，连射了一百次，把月亮的棱角都射掉了，射掉的碎块变成了星星。月亮变成了圆圆的轮子，却还在发出毒热的光。

尼娥织了一张大锦，上面绣了一间房子，门口有一株桂花，草地上有一群白羊和白兔。尼娥把自己的像也绣在桂花树下，还准备把雅拉也绣上去。这时，她听雅拉说要用一块东西把月亮遮上，就让雅拉拿这块大锦去遮月亮。

雅拉把大锦绑在鹿角箭头上，又登上山顶，一箭射上去，蒙住了月亮。大锦上的景物都出现在月亮上，尼娥和白羊、白兔都在月亮里活动起来。月中尼娥向地上尼娥招手，地上的尼娥就飘然飞上天去进入月亮，两个尼娥合而为一。

尼娥把自己的头发拉长，编成一根长辫子，把辫子垂下来，雅拉抓着辫子爬进了月亮。从此，尼娥在月亮里的桂花树下织锦，雅拉在月中草地上看白羊、白兔。月中的黑影，就是雅拉和尼娥。

"兔"景名胜

闽侯兔耳山

兔耳山风景区位于闽侯、永泰、福建福清交界处，因在山下大樟溪上可看到一只活灵活现的兔耳而得名。从福州市区往永泰方向乘车不到一个小时，便到达景色秀丽的闽侯县南屿镇双龙——兔耳山景区。

兔耳山景区内峰峦叠嶂，崖壁陡峭，潭多瀑美，洞寨险奇，妙趣横生。每个景点都有一个富有诗意的美丽传说，如飞天神树、老妪赶兔、双龙抢珠、和尚恋情、黄猴出洞、天狼窥美、水帘洞、飞仙赛、八仙迎客等，饶有趣味。沿溪有许多水潭和瀑布，如初进山就有"三迭瀑""双龙瀑""飞龙瀑"等组成的瀑布群。其中最高处的飞龙瀑布落差有10多米，瀑宽2—3米，蔚为壮观。值得一提的是山上的飞仙寨景点，它位于一个山头的近顶处，山势陡峻，岩洞较多，在约百米的距离内，呈三角形分布着3个岩洞，颇为奇特。

阳朔月亮山

月亮山在广西阳朔城南8.5公里桂荔公路西侧高田乡凤楼村境内，海拔380米，长410米，宽220米。山上石壁如屏，中空一洞，若明月当空，称明月峰，俗名月亮山。

月亮山有天下名山、仙山、灵山之美誉，山上有大理石铺就的800级登山道可达"月宫"。

"月宫"高、宽均约50米，内多乳石，状如嫦娥、玉兔，与广寒宫神话相合。从山下"赏月路"的不同角度看去，可见圆月、半月、眉月等不同形状。在短短的几分钟内就可以看到月亮阴晴圆缺变化的动态景观，也可算得上阳朔县一大奇观了。月亮山周边有美女梳妆、卧虎山、九牛岭等景点。

凤凰岭玉兔石

玉兔石是天然形成的自然风景名胜石，形如一只玉兔俯卧于此。此石形体较大，传说优美，是凤凰岭自然景观的重要组成部分。据传说当年嫦娥携玉兔途经此处，将玉兔放在妙峰沟内清凉的山泉边饮水。玉兔看到有几只野兔在草丛中嬉戏，就忍不住跑过去与它们一起玩耍。由于玩兴大起，忘了时间，此后玉兔就一直俯卧妙峰沟耐心等待，等待有一天主人将它接回到月宫仙境。

稻城兔子山

兔子山，位于四川甘孜稻城海子山自然风景

区北部。此山名为兔子山，但却没有兔子，只有石头，只因两根巨大的石柱形如兔子两只耳朵，故名。

兔子山孕育了一个古老而又美丽的爱情故事：相传在古代，藏区有很多部落，而部落之间经常为争夺地盘等发生战争。传说中兔子山北面的濯桑为一个部落，南面的桑堆为另一个部落，两部落之间常发生冲突，他们的界限就在今天的兔子山一带。桑堆部落酋长的女儿和佣人家的儿子在长期的相处中，相互产生了爱慕之意，但由于地位悬殊，酋长知道后坚决不同意，百般刁难，阻止他们的交往。然而他们的爱已达到了不可分离的地步，相互之间的心灵已交融在一起。

有一天，酋长想出一个拆散他们的办法：同意他们结为夫妻，叫他们俩去守边界，但必须在天黑之前到达。两个年青人便按酋长的要求出发了，走啊走，但都无法在天黑之前到达边界，他们俩的愿望无法实现，于是抱头痛哭……

突然，一群神雕向他们飞来，神雕对他们说："如果你们不怕，就骑在我们的背上，我们把你们送到边界上去。"由于这对情侣宁死都不愿分开，于是他们骑在了神雕的背上，天黑之前到达了目的地。终于，他们结为了夫妻，在此长相厮守，帮他们实现梦想的那些神雕也留在了这里。

四姑娘山玉兔峰

四姑娘山位于青藏高原东部边缘，地处四川省西北部的小金县境内。四姑娘山属邛崃山脉中西段，由四姑娘山、双桥沟、长坪沟、海子沟组成，占地面积450平方公里。四姑娘山主峰海拔6250米，是四川第二高峰。

四姑娘山，挺拔俊秀，纯洁晶莹，丰姿绰约，气质高雅，热爱她的人们用神奇诡异的神话传说来想象她、装扮她。"东方圣山"，这是海内外游人对她的最高评价。

双桥沟是四姑娘山最漂亮的沟，全长34.8公里，面积约216.6平方公里，景区分四段，已开发二十几个景点，坐车进沟可观看到二十几座海拔5000米以上的雪山。下段为杨柳桥，有阴阳谷、白杨林带、日月宝镜山、五色山等奇景。中段为撵鱼坝，包括人参果坪、沙棘林、尖山子、九架海等景点。

玉兔峰是双桥沟雪峰中的标志性风景。两座雪峰之间，一块突出的岩石就像一只欲奔而出的玉兔，故名。猎人峰形态奇特，酷似一勇敢刚强的猎人，背着猎枪，带着猎狗，向更高的冰峰攀登捕猎。

四姑娘山双桥沟玉兔峰

兔的起源与驯化

居龙和

兔形目动物属动物界，脊索动物门，脊椎动物亚门，哺乳纲。兔形目是哺乳动物中一个比较独特的目。兔形目的分类地位一直存在争议。林奈(Linnaeus)(1758)在其《自然系统》中将兔形类划归啮类目。伊利格尔(Illiger)把兔形类与鼠类分开，作为啮齿目的重齿亚目。Brandt(1855)首次提出用兔形亚目的名称取代重齿亚目的名称。Gidley(1921)正式提出将兔形类由啮齿目中分出，独立成为兔形目。直到1945年，古生物学家Simpson根据古化石材料及形态解剖等特征的综合分析，发现现今兔形目跟啮齿目的相似性是趋同进化所致，才将兔类和鼠兔类合为一独立的目，称兔形目。当前如何确立兔形目与其他真兽类动物各目之间的亲缘关系，即使用现代生物分子理论DNA也难以解答清楚。根据兔形目的基因研究，它似乎徘徊在奇蹄－偶蹄－鲸－食肉这一系与啮齿类这一系之间。科学家通过对很多古化石材料的研究，很多迹象表明兔形目的祖先早在白垩纪就已经与别的真兽类有显著差异了。

一、兔形类的起源与进化

(一)兔形类的化石证据

目前世界上发现的兔形目化石共有7.8属，200余种。

1.兔科化石

兔科化石在地史上出现较早。20世纪70年代，中国科学家在安徽潜山距今5500万年前的地层中发现了一种名叫模鼠兔的化石，才对兔的起源问题有所澄清。模鼠兔与鼠兔大小差不多，也有两对大门齿，颊齿也是6颗。它具有仅兔形目才具备的头骨特征，即额骨都向前伸出一长长的骨"刺"。化石自1977年发表后，在1981、1984、1988的三次国际学术会议上，专家一致肯定：模鼠兔应当是兔类的祖先类型。

最近，德国柏林洪堡大学的专家与美国纽约自然历史博物馆的古生物学家，在蒙古戈壁发现的一具认为是距今5500万年前的兔类祖先的完整化石，其骨骼与现生的兔子相似，其后腿长度是前腿的两倍以上。但它有一条长的尾巴，牙齿与松鼠相似。专家们将此化石动物定名为钉齿兽。德国罗伯特·阿斯教授等认为：钉齿兽与现代的兔类有极为紧密地关系。相关化石钉齿兽描述的论文，已在最新一期《科学》杂志上发表。

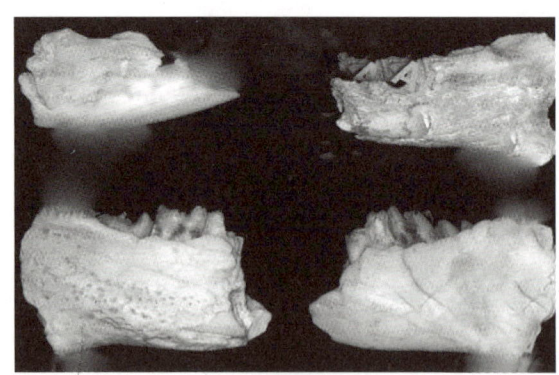

钉齿兽牙齿化石

但是从5500万年的模鼠兔到4600万年前的卢氏兔、沙漠兔、麦通兔之间，还有近千万年的时光，在世界上找不到化石记录，兔类从模鼠兔进化来的具体过程还有待于这一时期的化石证据来核实。

发现于中国河南卢氏，距今约4600万年的中始新世地层中，称为卢氏兔。后于距今约

兔的起源与驯化

卢氏兔复原图

4000万年前的晚始新世地层中，发现了内蒙古的沙漠兔、壮兔和北美的麦通兔等，属于古兔亚科。这时的亚洲与北美之间是通过白令海峡相连的。之后的渐新世，中国华北还发现有戈壁兔和链兔等。此时期兔科在北美蓬勃发展，演化出古兔、巨兔、始兔、次兔等。渐新世后期，由古兔类又进化衍生出始兔亚科，主要分布在北美，至上新世的晚期，已开始有与现生棉尾兔形态相似的类棉尾兔化石出现。到了第四纪的更新世，就有与现生兔子形态完全相似的化石出现。

报道，美国科学家罗斯教授在印度中西部古加拉特省的煤层中发现了一些属于兔类动物的踝骨和跟骨化石。化石地质年代在5300万年前。据考证这里曾经被海岸旁的沼泽和海湾覆盖，那么这种小型兔类

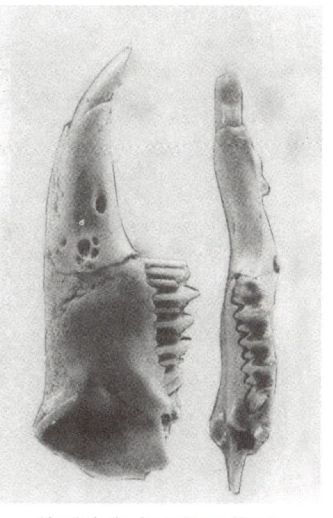

施氏次兔左下颌骨化石

动物曾生活在靠近水域的环境中。罗斯教授将足骨化石与8种现今野兔、家兔和2种北美鼠兔的足骨对比分析后发现，化石特征酷似原始鼠兔的特征，看上去又像是早期棉尾兔的足骨。化石的另一高级特征表现出这是一

渐新世兔类化石

中国上新世地层中发现的短脚次兔和联合翼兔，更新世时有翁氏兔化石出现。到第四纪中国仅有野兔一属，于北京周口店古人类遗址发现的大量兔化石与现生华北的野兔为同种。欧洲的兔科化石到六七百万年前才在东欧有翼兔发现，以后又发现次兔、三裂齿兔、穴兔等化石。中国乃至亚洲至今无穴兔化石发现。据考证研究，家兔是由地中海沿岸的野生穴兔驯化而成，然后由欧洲引入中国。

2. 鼠兔科化石

过去专家因受化石证据影响，认为鼠兔化石最早发现于约3500万年的渐新世晚期，比兔类要晚约2000万年。但据最新考古研究

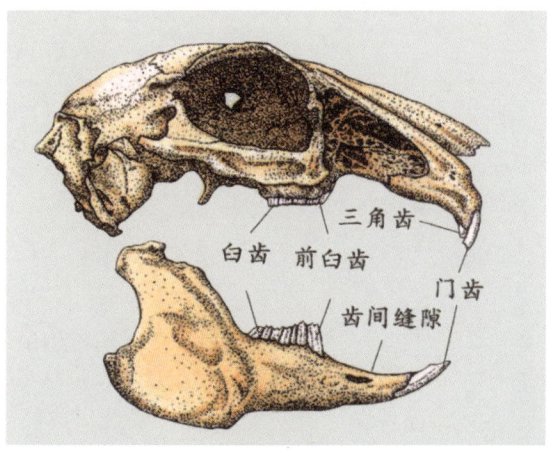

野兔头骨

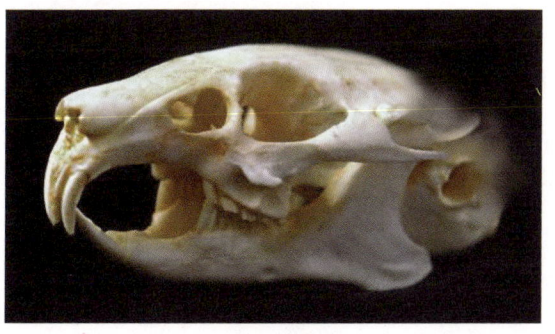

鼠兔头骨

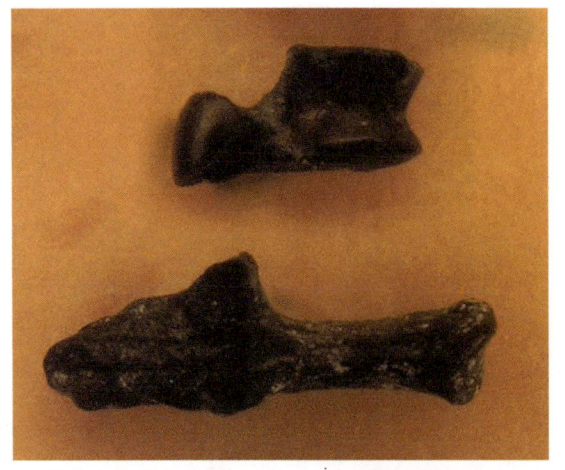

最古老兔类动物的踝骨（上）和脚后跟骨头（下）

类特殊的能跑会跳的小型兔类动物，而鼠兔的主要特征是能跑不会跳跃。此发现是兔科与鼠兔科起源于相同年代的有力佐证。

根据过去的鼠兔化石进行分析，最早的鼠兔叫链兔，发现在中国的内蒙古。以后中国北方在不同时期先后发现中华鼠兔、跳兔、美兔、鼠兔等。北美鼠兔类的出现又晚了1000万年，直到2300万年以后才有山兔的记载，其后有西方兔、鼠兔等。尽管南北美洲大陆有多次连接，但鼠兔从未进入南美，这可能与生态环境直接相关。

欧亚大陆之间在3500万年前由一个叫吐尔盖的海峡隔开，所以亚洲起源的兔类在这以前无法进入欧洲。海峡消失后，亚洲的鼠兔类才得以迁入欧洲，并很快发展起来，至少有30多种欧洲特有的鼠兔类化石被发现。欧洲第三纪中期鼠兔化石较多，有两栖兔、雷兔等。中国渐新世时有中华兔，中中新世（约1300万年）时，内蒙古生活着两类鼠兔—戈壁跳兔和弗氏跑兔（或称美兔）。有专家认为弗氏跑兔可能是鼠兔类的祖先类型。1979年在北极地区的中新世的地层中发现了最大的鼠兔化石，其头骨长达72毫米。

鼠兔属化石最早出现于晚中新世（约800万年）。这一时期，中国有西藏吉隆鼠兔和华北的拉氏鼠兔化石。鼠兔的现生种，有高原鼠兔、藏鼠兔、柯氏鼠兔和达乌尔鼠兔等。在中更新世时，华北还有一种大型复齿鼠兔。现今

鼠兔自然分布状况，在北美洲仅有2种，即北美鼠兔和斑颈鼠兔，欧洲有1种，即意大利高山鼠兔（可能已灭绝），其余的20多种全部集中于亚洲。青藏高原占14种，为现生鼠兔的分布中心与演化中心。

兔形类动物基本是在世界北方大陆生活的小动物。亚洲发现的时代最早，占据着兔形类起源、演化的关键位置。北美的兔科、鼠兔科化石都很丰富，是研究兔形类进化的重要证据。

二、兔形类动物的进化分析

在第三纪早期始新世，最原始的兔形类与鼠形类化石的形态差异就十分明显，彼此看不出有什么直接的系缘关系。

20世纪60年代前，不少学者把宽口齿兽视为最古老的兔形类（曾译为原古兔），并依"原古兔"的牙齿结构来推导兔形类的起源。由于"原古兔"比现今的野兔少一颗上前白齿，杨钟健先生（1955）认为它不可能是现生野兔直接的祖先，仅是有可能有相似的祖源。Colbert（1969）也认为"原古兔"虽具有许多现今野兔的性状，但缺少第二对上门齿，不是现今野兔的祖先。李传菱先生将宽白齿兽与啮齿目及兔形目的一些重要的形态和机能特征做比较，经深入研究分析发现，兔形

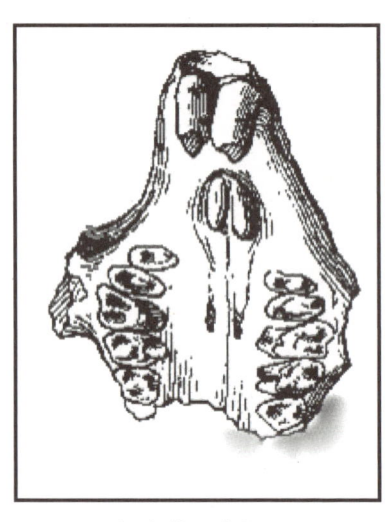

钉齿兽牙齿化石

目与啮齿目至少在门齿、齿隙构成、颊齿的形态与构造、咀嚼方式、骨骼的结构、前肢的功能、体形外貌等七大方面具明显差异，认为宽白齿兽是目前在原始真兽中最接近啮齿目的祖先类型。

李传菱（1977）通过对安徽潜山古新世的化石研究，发现了一些与原古兔科相似的标本，建立类原古兔科，将标本另列新属和新种。同时从蒙古晚白垩纪早期地层中发现的先原古兔类化石中分出建立了模鼠兔科，认为它除门齿的构成有异外，颊齿的结构似沙漠兔，是目前在原始真兽中最接近兔形类的祖先类型。在模鼠兔科同一化石地点，科学家们还发现了有可能是鼠类祖先的东方晓鼠化石，其大小、形态与模鼠兔相差不多，但像鼠类一样只有一对大门齿，是目前在原始真兽中最接近鼠形类的祖先类型。随着更多化石的发现、研究以及胚胎学、形态学研究，证实了兔形类和鼠形类在六七千万年前有着相似的祖源，两者都可归入啮齿类。但兔形类动物的系统发生和身体结构与啮齿目动物也有很多差异，两类动物沿着完全不同的独立道路平行发展，而现生种类的一些相似之处，只是演化上的趋同现象。由于兔和鼠都长有一对无根的大门齿，只是兔类在大门齿后面还有一对小门齿，所以过去在分类上把兔类也叫重齿目，而啮齿类则为单齿目。在整个兽类中，鼠、兔也是最近的近亲。

但据最新研究表明，美国罗斯小组在印度考古时，发现了距今5300万年前最古老兔类化石的微小足骨，罗斯小组发现的这些骨

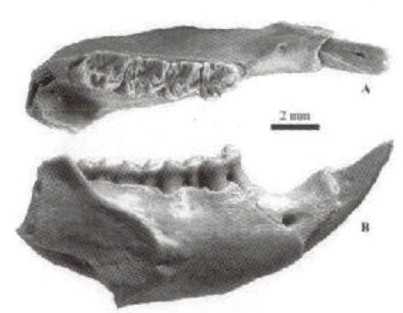

山河狸头骨化石

骼比现今的长耳大野兔小4-5倍，酷似鼠兔的一些原始特征，却不像鼠兔那样不会跳跃。这种类似兔类的动物体重约100克，化石发现于靠近水域附近的海湾沼泽地层。根据地层年代及原始鼠兔类喜靠近水域生态环境的生物学特性的分析，它们是在恐龙灭绝后，印度次大陆与亚洲大陆撞击时，从中亚扩散迁入的。罗斯说："这些足骨酷似早期棉尾兔的足骨，它们是更加专科的一种不太会跑和跳的兔类动物。"和当今的兔子具有最亲近的进化关系。如果这种推理成立，鼠兔科动物的起源年代将要增加近2000万年，那么鼠兔科动物的起源年代将几乎与兔科动物的起源年代并驾齐驱。

科学家们根据上颌具有前后重叠的门齿，可以确切地鉴定兔形目种类，至少鉴定至属。他们一致认为生活在始新世时期亚洲的卢氏兔、沙漠兔、戈壁兔及北美洲的贻兔和麦通兔是目前发现的最古老的兔类。然而这些亚洲

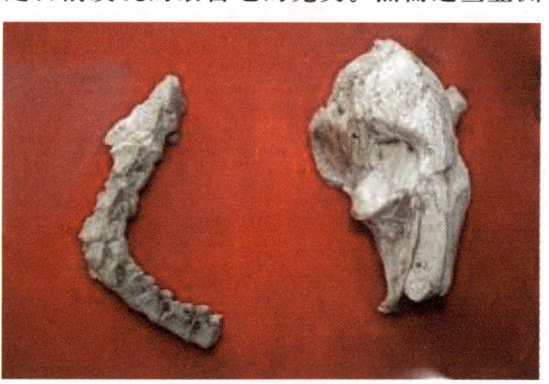

何氏次兔颈骨化石

和北美洲最古老的兔类化石四肢的比例并不像近代的兔类，而像鼠兔科的种类，也就是外形像鼠兔类，后肢和耳朵较短，被称为原兔类。

由于原兔类像鼠兔，现生野兔中古兔亚科的种类外形也像鼠兔。如生活在墨西哥火山区的火山兔，外貌酷似鼠兔，短耳朵，会行走不会跳跃；生活在硫球群岛的硫球兔，不仅外貌酷似鼠兔，连齿式也像鼠兔，还比其他野兔少一颗白齿；还有苏门达腊兔和非洲红兔等，这些生活在特殊地理环境条件下的古兔

亚科的兔类表现出远古鼠兔祖先的很多特征。虽然目前还没有足够的证据证明鼠兔类比兔类更古老，但是在中国安徽潜山距今5500万年前的地层中模鼠兔的化石出现后，又有印度中西部古加拉特省距今5300万年前煤层中属于兔类动物的踝骨和跟骨化石面世，通过对两处几乎相同地质年代兔形类动物化石的分析，均表现出像原始鼠兔类的许多特征，难怪很多科学家提出鼠兔类比兔类更原始一些的观点，当然还需要足够的化石证据。

目前科学家们已确认最早的鼠兔类化石发现于亚洲的渐新世，最早的鼠兔叫链兔。由于那时的兔类与鼠兔类依然十分相似，故动物学家将数量均等的链兔属的兔形类动物分别划分到兔科或鼠兔科中，造成化石链兔属的分类地位十分混淆。其根本原因，是渐新世时已有相当数量的链兔进化得像兔类，后肢逐渐强壮变长，耳朵也变长，开始变得具有现生兔类的外形，以后逐渐演化出巨兔属和古兔属等的始祖兔类。由此看来，化石链兔属的分类地位混淆，不是化石鉴定有误，而是兔形类演化进程中的必然结果。我们可以将兔形类化石出现的地质年代进行有序排列，就能清晰地看出兔形类动物演化的历史，很有可能是由鼠兔类向兔类方向渐变，演化成兔类。

据古植物学家研究，始新世时期世界上尚无草原，真正的草原从中新世（最早在渐新世末）才出现在世界上。从动物的形态分析看，那些生活在早渐新世前的兔形类祖先类型与其现生的后代之间有很大差异。其中最醒目的特征是它们的齿冠都相当低，而现今的种类则齿冠非常高。古生物学家认为，那些具低冠牙齿的早期兔形类动物均以树上的嫩叶为食，面对渐新世末世界上大草原的出现，聪慧的兔形类祖先迅速将食树叶的低齿冠转化为食草的高齿冠，促使兔形类动物成为进化相当成功的食草动物之一。经过漫长的中新世1800万年的不断演化，到了上新世的中晚期，已开始有与现今棉尾兔形态相似的类棉尾兔化石出现。到了第四纪的更新世，世界各地就有与现生兔子形态完全相似的化石出

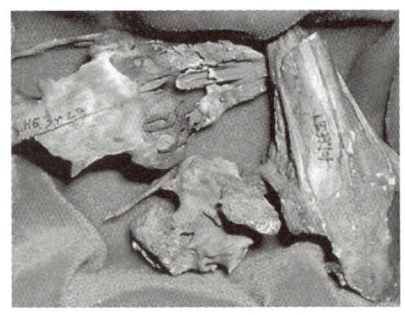

兔头骨化石

现。如亚洲有兔属、鼠兔属、硫球兔属和粗毛兔属，欧洲有兔属和穴兔属，非洲有兔属和红兔属，南美洲有棉尾兔属，北美洲有棉尾兔属和火山兔属等。至此，兔形类动物的演化已基本定型。

值得注意的有两点：

一是鼠兔的鼎盛期在中新世，此时鼠兔类动物广泛分布于欧亚及北美大陆，但自中新世以后鼠兔的生态发生了重大变化。鼠兔科多数属绝灭，分布范围缩小，仅有少部分种类延续下来。其中以鼠兔属最为成功，进入更新世后其中的一个种群逐步演化成更新世的鼠兔祖先种类。中新世的时候鼠兔属于靠近海湾沼泽的滨岸动物，后来却沦为高山动物。现今有近80%以上的鼠兔种类分布于气候条件恶劣、高海拔的世界屋脊——青藏高原及其周边地区，导致鼠兔类衰落的原因迄今仍是个谜。

二是不仅在中国，甚至在整个亚洲，从没有发现过穴兔属的化石，而在近代的亚洲，也没发现过野生穴兔属的种类。粗毛兔属虽是穴兔类，但却不能驯化成家兔。粗毛兔属的显著特征是上门齿沟既宽又深，里面有大量白垩质沉积，填充齿沟。虽然经研究分析，当代中国的家兔有粗毛兔属的血缘特征，但迄今为止，还没有发现过任何具有上述深门齿沟的个体出现。粗毛兔属是亚洲唯一穴兔类，除此之外，全是兔属的种类。除野生穴兔能与家兔成功交配繁殖外，所有野生兔属种类均不能与家兔交配繁殖。这也反映出中国的家兔是由国外引入的事实。

二、家兔的起源与驯化

家兔属于脊索动物门、脊椎动物亚门、哺

乳纲、兔形目、兔科、真兔亚科、欧洲穴兔属、穴兔种、家兔变种。

学名为：Oryotolagus Cuniculus VarDomesticus.

（一）家兔的起源

达尔文等欧洲学者认为，现代家兔起源于地中海地区穴兔属的一种欧洲原始野生穴兔。但是，根据第三纪早期地层化石资料分析，欧洲没有兔类动物化石，而亚洲、美洲皆有。据考证欧亚大陆之间在3500万年前由一个叫吐尔盖的海峡隔开，所以亚洲起源的兔形类动物在此前无法进入欧洲。海峡消失后，亚洲的鼠兔类才得以迁入欧洲，并很快发展起来，至少有30多种欧洲特有的鼠兔类化石被发现。欧洲第三纪中期鼠兔化石较多，有两栖兔、雷兔等。欧洲的兔科化石到700万年前才在东欧有翼兔化石发现，以后又发现次兔、三裂齿兔、穴兔等化石。

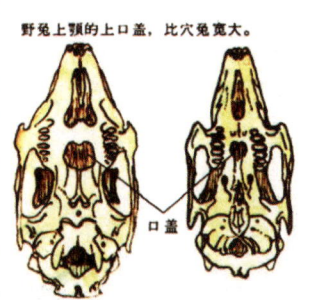

野兔与穴兔的口盖比较

在更新世的初期，约200万年前，穴兔在欧洲广泛地繁殖，但后来到了冰河时期，为了逃避严寒的天气，穴兔便迁移到欧洲西南部地区居住，这些冰河时期的残留下的穴兔及它们的后裔，一直生活于非洲及欧洲地中海区附近。因此，据推论欧洲的兔科动物可能是由亚洲迁涉去的。

（二）家兔的驯化

欧洲有史以来最早发现野生兔的记载，是公元前1100年腓尼亚人在伊比利亚半岛上的西班牙。公元前2世纪希腊人有发现野生兔善于打洞的记载。

1149年，德国的文献里第一次提到穴兔，并详细记载了当时寺院放牧驯养穴兔的情况。

人类饲养兔子的历史是在欧洲中世纪时期开始，当时法国的天主教僧侣把兔子饲养在修道院中，开始较大规模的围栏驯养野生兔，目的只是为了获取它们的肉及毛皮，并已开始对市场供应兔肉食用。

达尔文认为15世纪初，航海船上供食肉用的西班牙兔已经相当家养化了。但家兔驯化是欧洲驯化最晚的家畜，而真正形成生产型家养动物，至今只有500多年的历史。直到18世纪，人们发觉可爱的兔子可作宠物饲养，后来繁殖出许多不同特征和毛色的品种，以供市场之需。

欧洲穴兔喜欢打洞，它是依靠入洞躲藏而不是快速奔跑来躲避天敌，与野生草兔不打洞，依靠快速奔跑躲避天敌是有本质区别的。

穴兔类在地下挖掘彼此联通的洞道穴居，穴兔窝内有毛和草，用来产仔，当母兔离洞寻食时要封闭洞口，以保护仔兔不受天敌侵害。幼兔出生于洞穴中，初生时裸露无毛，闭着眼，听不到声音，不会动，似"早产儿"，出生10天左右才能长出毛，出洞活动。由于有地下洞穴可避天敌，无需急速奔跑，后鼻孔比较窄。染色体数目2N=44。家兔是典型的穴兔类。

兔类终生在地面上生活，不会挖掘地下洞道穴居。幼兔产在地面上，初生时便长齐了毛，睁着眼，耳朵有听觉，出生后不久就会跑。由于终生在地面上生活，需急速奔跑以避天敌，要有足够的氧气供奔跑时身体所需，后鼻孔变宽。染色体数目2N=48。

现代家兔起源于野生穴兔，它与兔属、山兔属、粗毛兔属、林兔属等的野生兔是同科而不同属的动物，至今未见野生兔属动物驯养成功并与现代家兔成功交配的报道。穴兔与野兔的杂交除了生理、习性上的障碍以外，更因染色体数目上的差异，使二者交配很难成功。但是，穴兔属的野生兔可以与现代家兔成功交配。

但学术界对家兔的起源地仍存在着一源论和多源论两种不同的观点。

兔的世界

通常我们所说的兔，一般都是指中国白兔，大多数人也认为兔子就是小白兔。其实兔子的品种有很多。

兔是兔形目兔科动物，为草食性哺乳动物。无犬齿，门齿与前白齿间有空隙。门齿很发达，无齿根，终生持续生长，常借啮物以磨短。上门齿二对，一对大，一对小，小的隐于大的后方；下门齿一对。主要分布于亚洲、欧洲、非洲、北美洲和中美洲。

兔形目分二科：(1)兔科：如各种野兔和家兔；(2)鼠兔科：如戈壁鼠兔、西藏鼠兔等。

东 北 兔

东北兔又叫野兔、革兔、山兔、黑兔、满洲兔、山跳猫等，体形较大。耳较短，向前折达不到鼻端，尾短。头部和身体背面为棕黑色，为黑色长毛与浅棕色毛相间。两侧颜色较浅，黑色针毛较少。头部色较深，颈下黄棕色。尾背面黑灰色。腹面灰色。夏毛颜色较深。有时也出现全黑棕色的个体变异。

东北兔主要栖息于稀疏的针阔混交林中，也生活在林缘地区、平原、荒草地和河谷灌丛间。一般不到农田和草原地带。夜晚活动、觅食。四肢强劲，腿肌发达而有力，前腿较短，具五趾，后腿较长，肌肉、筋腱发达强大，具四趾，脚下的毛多而蓬松，适于跳跃，奔跑迅速，疾跑时矫健神速，有如离弦之箭。在奔跑时还能突然止步，急转弯或跑回头路以摆脱追击。广泛分布于我国东北各地区，如大小兴安岭、长白山山地以及松花江平原等地。国外见于朝鲜北部、日本和俄罗斯滨海地区。

草 兔

草兔亦称欧兔。哺乳纲，兔科。体长约50厘米。体背面黄褐至赤褐色，腹面白色，耳尖端黑色，尾上面黑色，两侧及下面白色。通常清晨或夜间出穴活动，活动范围常离窝不远。繁殖力极强，年产3—4窝，每窝一般3仔。幼兔产下时就有毛，并已睁眼。分布于我国东北、西北、华北及长江中下游各省，止于长江北岸。西欧、非洲、俄罗斯、蒙古也都有分布。觅食植物，是农林业的害兽。但肉可食，毛、皮均可利用。长江以南各地习见的野兔为短耳兔，也叫华南兔或山兔。耳和尾都较短，毛较粗，耳尖不黑，尾上面毛色同体背相似。短耳兔也是一种经济兽类。

南 疆 兔

南疆兔又称塔里木兔、莎车兔。体形较小，毛色较浅。耳朵较大，体毛短而直。夏季背部为沙褐色，杂以灰黑色的细斑，体侧为沙黄色，颏、喉及腹部为白色。头部和颜面的颜色与背部相同，两颊较为浅淡，眼周色深，呈深沙褐色。颈部下面有沙黄色的横带。尾巴背面的颜色与背部相同，腹面呈白色。冬季的毛色非常浅，从头部、背部至尾巴的背面均为浅沙棕色。

南疆兔没有亚种分化，是我国的特产物种，分布于新疆塔里木盆地及罗布泊地区的阿克苏、若羌、米兰、阿拉干、尉犁、库尔勒、巴楚、且末、莎车、和田、喀什等地。

南疆兔是典型的荒漠地带物种，栖息在塔里木盆地海拔900—1200米的河流和罗布泊附近，以及沿河两岸的胡杨和红柳林、盆地中央的塔克拉玛干沙漠四周的半沙漠草原和塔里木河河水泛滥地区等。一般在早晨和黄昏活动，但随着季节的不同而有一定变化。冬季为了躲避敌害，仅在黎明之前和黄昏之后才出来觅食，白天则隐匿于灌丛之下。夏季在白天也经常出来活动，常集中到河边饮水，喜食灌木、半灌木的外皮、幼嫩枝条和绿草等。

雪 兔

雪兔是寒带、亚寒带代表动物之一，是一类个体较大的野兔，体长一般在51厘米左右。耳朵短，尾巴亦短，是我国九种野兔（其余八种为东北兔、东北黑兔、华南兔、草兔、高原兔、南疆兔、云南兔和海南兔）中尾巴最短的。雪兔为了适应冬季严寒的雪地生活环境，冬天毛色变白，直到毛的根部，但耳尖和眼圈为黑褐色，前后脚掌为淡黄色；夏天毛色变深，多呈赤褐色。它是我国唯一冬毛变白的野兔。

雪兔在历史上的冰河时代曾广泛分布于欧洲，以后随着冰河的后退而迁移，现在残存于北极及其附近的冻原地带和阿尔卑斯山的高山地区，包括欧洲北部、俄罗斯、日本北海道和蒙古等，在我国分布于黑龙江、内蒙古东北部和新疆北部一带。

雪兔躯体略大于草兔。体长48—54厘米，长短于后足长，尾长短于耳长。毛色冬夏差异很大。冬毛长而密，体侧与腹部毛最长，通体白色，仅耳尖和眼周黑褐色。夏毛较短，背部黄褐色，额部黄褐色比背部更显著，眼周白色圈狭窄，腹部白色。鼻腔也大，下门齿长而坚固，这些既是为了适应寒冷地域，也表明它是更为进化的物种。雪兔冬季毛色变白，主要由于受光照的影响换毛所致。光照减少，毛色变白。雪兔属于国家二级保护动物。

杰 克 兔

杰克兔是美洲典型的野兔。有一些杰克兔能以时速80公里的速度奔跑，比大多数动物都快。杰克兔身体通常有60厘米长，耳朵有5—15厘米长，重约3公斤。黑尾巴的杰克兔，在美洲西部平原常见，生活在开阔的草原和沙漠灌木丛中。杰克兔毛色灰，有黑色条纹从背部延伸到尾部，腹部淡红。白天躲藏，夜间活动。食物包括粮食作物、仙人掌、灌木牧草。白尾巴的杰克兔则生活在较高的山区或较高纬度的地区。

高 原 兔

高原兔也叫灰尾兔，是青藏高原的特有物种。它的体长为35—56厘米，尾长7—12厘米，体重为3公斤。它长着一身黄色至灰棕色毛被，腹部呈白色，臀部是显眼的灰色，耳尖颜色较深，背脊中央有一条深色条纹，体毛长

而蓬松。尾的背面为暗灰色，两侧及下面为白色。

高原兔栖息于高山草甸、灌丛等地带，广泛分布于高海拔地区，最高可达到海拔5200米处，可以称为垂直分布最高的兔类动物。极强的适应能力使它们可以生活在干燥得连以善于高原生活而著称的鼠兔类都不愿意栖息的荒漠草原上和陡峭的山腰上。高原兔昼夜活动，尤其是晨昏活动最为频繁。在开阔的地方它们常挖出一条25—40厘米长的坑，一端很浅，一端有15厘米左右的深度，然后蜷缩着臀部安静地在卧在坑里。它以草本植物、灌木嫩叶等为食。

高原兔的四肢强劲，腿肌发达而有力，后腿较长，肌肉、筋腱发达强大，可以用来挖洞穴居。它的后脚比前脚既长得多也结实得多，显得强劲有力。在打斗的时候，它还有跳起来用后脚踢两下的防卫本领。遇到危险或不高兴时，它也会用后腿蹬对方。它的后腿适于一蹿一跳地前进，利用后腿弹跳时，可跳出1米多远，也可跳至50厘米高。

西班牙兔

西班牙兔生活在西班牙北部一块东西大约230公里，南北25—40公里的区域内。主要栖息生活在近2000米高山上的灌木丛和树林中。

西班牙兔身体长度约45—65厘米，尾巴长达5—10厘米。毛皮混合了咖啡色、黑色、白色。尾巴是黑色的，耳朵是褐色的。

1976年，西班牙兔被从欧洲兔中分离出来。其习性与欧洲兔一致。目前人们的狩猎已威胁到了它们的生存。

印度黑颈兔

印度黑颈兔的得名源于它们后颈部的黑色斑纹。它们生活在印度南部的几个邦以及斯里兰卡，还被引入了爪哇、毛里求斯和塞舌尔。它们出没在农田附近的灌木丛和森林中，也被发现生活在沿海森林和沼泽洼地中。

阿拉斯加兔

阿拉斯加兔生活在阿拉斯加北部和西部地区。有证据证明它们还分布在西伯利亚东端。它们生活在苔原或多石头的山地。它们喜欢较低的海拔，也喜欢有低矮灌木丛便于隐蔽的地区。

阿拉斯加兔是北美最大的野兔，身体长度从50—70厘米，体重3.9—7.2公斤，尾巴约8厘米长，后腿长达20厘米，便于在冰雪上面运动。雌雄野兔体型差不多大。比起一般的兔子，它们的耳朵比较短，以避免在寒冷的气候下丧失大量热量。夏天的兔子背部是灰褐色、腹部是白色的，冬天完全是白色的，除了耳朵尖是黑色的。

阿拉斯加兔活跃地在夜间和傍晚寻觅食物，它们吃树枝、树皮、树根、牧草、浆果和鲜花。除了交配季节，它们非常孤僻。每年的4—5月它们往往聚集成20只以上的群体。

阿拉斯加兔是相当温驯的动物，它们主要通过隐蔽和奔跑来防御天敌。不过也有记录说它们会用后腿蹬踹要捕捉它们的猫头鹰。猛禽、貂、狐狸、狼和熊都是兔子的天敌。在北极它们不会给人类造成什么危害。北极的人们很少捕捉它们，虽然其肉鲜美。它们的毛皮被因纽特人用来制造鞋衬和内衣。狩猎兔子是白人的时尚运动。阿拉斯加兔的数量呈下降趋势，但是并不显著。

托氏兔

托氏兔体型略微小于欧洲兔，体长40厘米至55厘米，体重1.5—2.5公斤。耳朵长大。毛色褐灰或者赭石色，季节变化对毛色影响并不明显，在高寒地区，其毛色在冬季会浅一些。尾巴上方为黑色。

在中亚，这种兔子很常见，其分布区北起俄罗斯南达印度。非洲东部和阿拉伯沙漠也有一些分布，但是大部分时间它们生存在灌木丛或者高草当中。它能适应恶劣的环境，甚至海拔3000米的高山上都曾经发现过它们的身影。缺水对它们不是问题，因为野兔可以长时间不饮水。

这种野兔夏天吃草和种子，秋季改吃树皮和灌木，特别喜欢啃食嫩芽。因为它们这种食性，大群的托氏兔可能会对环境造成危害。它们主要在夜晚进食，但是下午和黄昏也活动。

中亚的大多数托氏兔是不挖掘洞穴的，但是那些沙漠地带的野兔除外。这种洞穴大约只有50厘米长。野兔还经常寻找其他动物的废弃洞穴居住。

雪鞋兔

北美洲北部的一种野兔，亦称为雪鞋野兔、双色兔。毛色在夏季呈棕色或灰色，到了冬季则呈纯白色。后脚毛皮浓密，四脚相对于

身体大小的比例都很大，类似雪鞋的适应作用，使其能在雪地上移动。

雪鞋兔即使在白雪覆盖大地的时候，也必须去寻找树皮、嫩芽等食物来维持生计，在这种条件下，为了适应需要，体态发生了相应的变化。譬如说，雪鞋兔夏季皮毛是灰褐色的，冬天来临时，夏毛便开始脱落，并长出了新的、纯白色的长毛，同时它的脚上也开始长出浓密的毛来，所以在大雪纷飞之际，它们的毛色巧妙地融化在自然环境之中，极不容易被敌人发现。而且因脚上长满毛茸，它们能够轻松地在浮冰上奔跑，不论对于寻找食物，还是逃避敌害都非常有利。

棉尾兔

棉尾兔大多分布在加拿大南方到南美洲的西部，因尾部像雪白的棉花而得名。身长14—18厘米，重约1.5公斤，通常有棕色的背部，白色的腹部。它们喜欢居住在有灌木丛遮蔽的地方，它们会啃咬灌木丛底部，形成出入的小径。通常在夏季时，只有兔子才看得见这样的小径，不过到了冬季，这小径就非常明显了，猎人就会在此设陷阱。兔子会在此打盹、梳洗，但会保持警觉。当它们受到惊吓时，它们会顿足以警示其他同类。

火山兔

火山兔又名墨西哥兔。在墨西哥城东南仅50公里的火山上，生息着一种珍贵的野兔——

兔的世界

墨西哥兔,它的活动范围只有40平方公里左右,是墨西哥所有动物中活动范围最狭窄的一种动物。

墨西哥兔体长为55—67厘米,尾长5—8厘米,体重为2.7—5.9公斤。耳特别长大,边缘白色。身体背面主要为黄褐色,杂有黑色,颊、喉、腹面和尾巴近白色。

与一般在平原地带生活的兔类不同,墨西哥兔一般生息在海拔2800—3150米的火山斜坡上,在稍高或稍低的地方也能看到,所以又被叫做火山兔。它们生活在广阔的松林中,在茂密的草丛中作窝。墨西哥兔经常出来晒太阳,不时高声鸣叫,而一般兔类是不鸣叫的。其他兔类一般都在开阔的草原上跳跃着跑来跑去,没有固定的巢穴,而墨西哥兔在岩石下面和林床的草丛中开出了四通八达的蜘蛛网般的道路。墨西哥兔还有一些同其他兔类大相径庭的奇特之处。它的粪虽然同其他兔类相似,是椭圆形的,但却非常小。而且墨西哥兔并不擅长跳跃。

墨西哥兔由于下颚齿形状与古兔化石类似,所以被称为古兔类,与古代生活在日本西南各岛以及墨西哥和非洲的一些野兔属于同一血缘系统。它们共同的祖先也许在远古就生活在这些地区。

荷兰垂耳兔

荷兰垂耳兔毛色有纯色、刺鼠色、杂色、铜铁色、橙色宽条纹等。荷兰垂耳兔原产荷兰,天生的性情温驯。体重大约是1.4公斤。荷兰垂耳兔是最迷你、超可爱的垂耳兔,身圆骨重、多毛,经常与迷你垂耳兔混淆,实际上它比迷你垂耳兔的体型更小。荷兰垂耳兔据悉是由荷兰的Adrian De Cock先生发展出来的。在1949年,他以迷你兔(侏儒兔)与英国垂耳兔

所生的后代,与法国垂耳兔交配,尝试生产缩小版的法国垂耳兔,因此荷兰垂耳兔诞生的年代比起法国垂耳兔、英国垂耳兔晚了许多。一般所说的迷你垂耳兔,则是20世纪70年代发展出来的,在1980年ARBA的展览会中才获得公认的新品种。

鼠 兔

鼠兔虽属兔形目动物,但与普通兔科不同,属鼠兔科。鼠兔原产阿富汗,在日本北海道的大雪山也有同族存在,在我国内蒙古、甘肃等地分布较多。其特点是体形小、耳短、眼黑、体毛呈茶褐色。分布在我国内蒙古、甘肃、青海、西藏等地的鼠兔有各种不同的品种,如有藏鼠兔、东北鼠兔、达呼尔鼠兔、高原鼠兔、大耳鼠兔等。

鼠兔体型小,体长10.5—28.5厘米,耳长1.6—3.8厘米,后肢比前肢略长或接近等长。头骨上面无眶上突,上颚每侧只有2枚臼齿。雄性无阴囊,雌兽有乳头2—3对。全身毛浓密柔软,底绒丰厚,与它们生活在高纬度或高海拔地区有关。毛呈沙黄、灰褐、茶褐、浅红、红棕和棕褐色,夏季毛色比冬毛鲜艳或深暗。栖息于各种草原、山地林缘和裸崖。在亚洲,栖息于海拔1200—5100米间;在北美,栖息于海拔90—4000米间。挖洞或利用天然石隙群栖。白天活动,常发出尖叫声,以短距离跳跃的方式跑动。不冬眠,多数有储备食物的习惯。

鼠兔耐寒怕热,胆小,怕惊扰,是典型的植食性动物,被称为"草原第一杀手"。

玉兔为月

兔的绘画

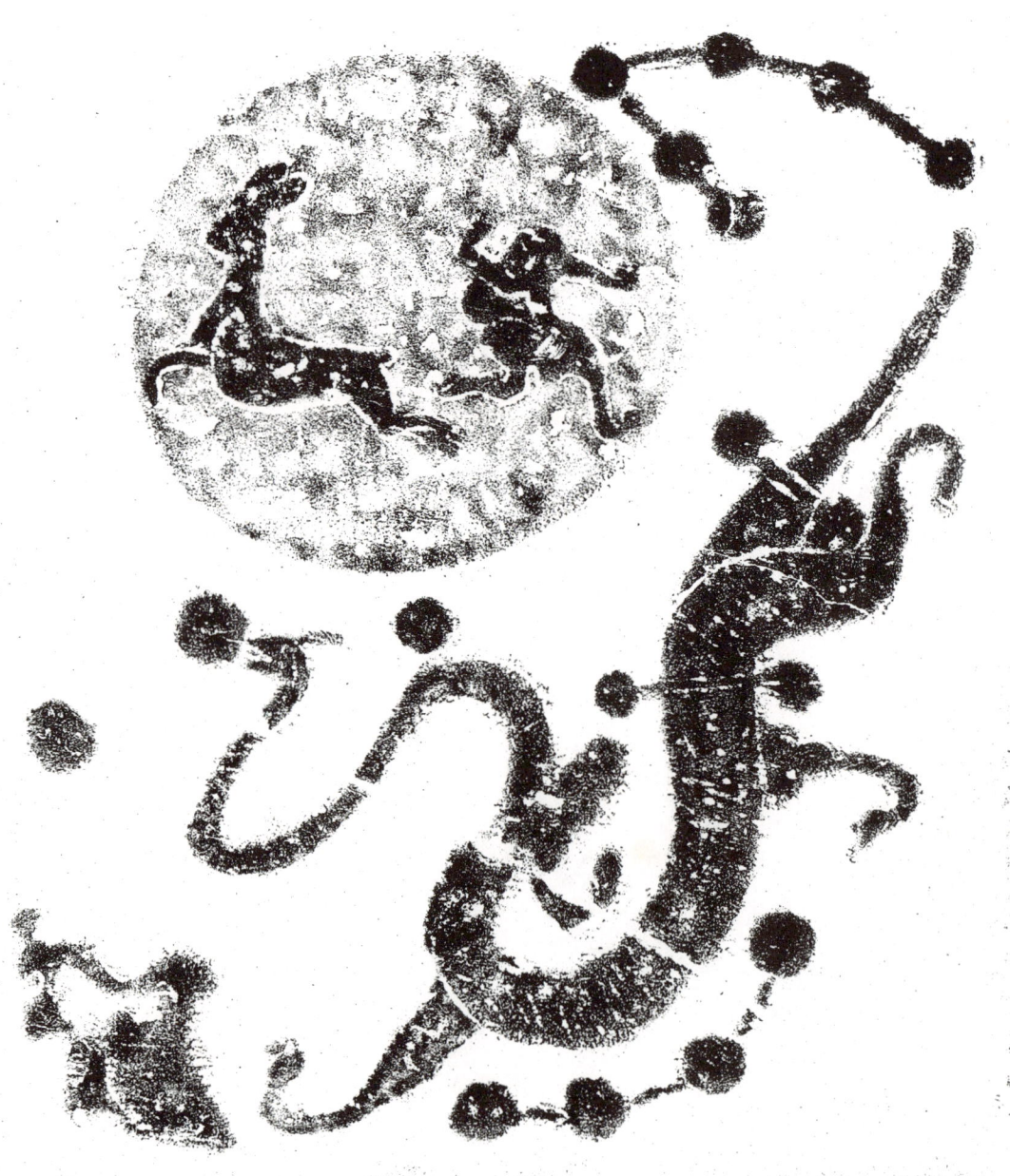

苍龙星座画缘 汉代 河南南阳 南阳汉画馆藏
图像下刻一龙，上刻满月，内有玉兔和蟾蜍。此图还表现出月球正运行在苍龙星座内。

兔的绘画

西户口西王母　东汉　山东滕州　山东省博物馆藏
中间西王母端坐，两侧有人身蛇尾交缠者执便面，两对玉兔捣药，异兽。

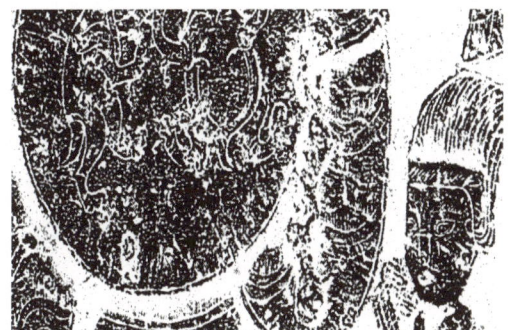

白庄伏羲（局部）　东汉　山东临沂

宋山西王母（局部）　东汉　山东嘉祥

白庄女娲（局部）　东汉　山东临沂
女娲人身蛇尾，月中有蟾蜍、玉兔。

嘉祥西王母（局部）　东汉　山东嘉祥
西王母凭几高坐，两旁有人及鸟头人身者跪奉芝草，下有骑兔出行，双兔捣药。

畋猎画像（局部）　汉代　河南南阳　南阳汉画像馆藏

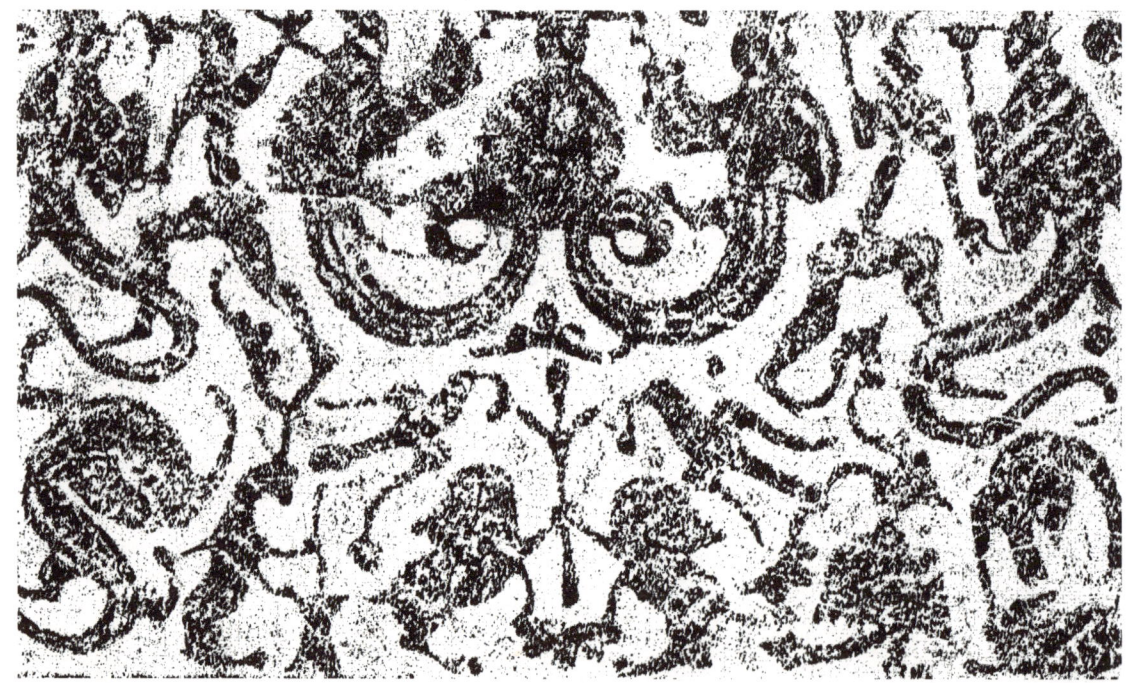

王开村西王母（局部）　东汉　山东滕州　滕州博物馆藏

大郭村西王母（局部）　东汉

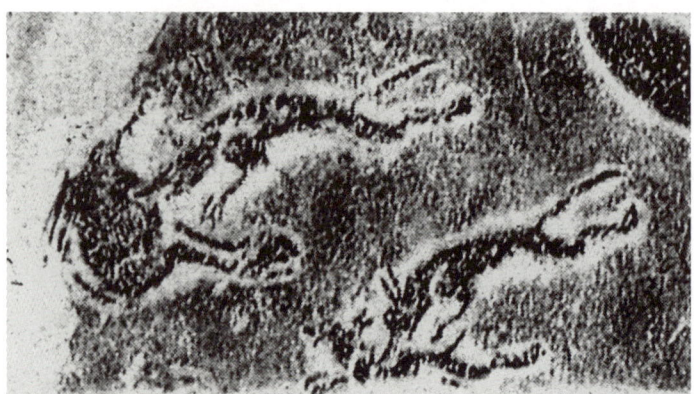

两城镇狩猎图（局部）　东汉

兔的绘画

双喜图
宋代　崔白
台北故宫博物院藏

　　崔白，北宋濠梁人。本图画山野间，上下野栗各一株。翠竹、枯草、荆条，点缀左右。一苍兔蹲伏壕中，昂首上视。两山鹊一栖树上，一飞空中，皆振翅伸颈，悍然鸣噪。草树顺成一向写其风，栗时枯槁翻动写其声。苍兔耸耳鼓目翕吻，山禽暴怒急躁，写禽兽之性情，可谓笔墨之变化，夺天地之精神。

雪江五卯图

佚 名

兔的绘画

竹雀双兔图
辽代　辽宁省博物馆藏

　　双兔，竹丛与花草为陪衬。竹丛下生长的花儿，有蒲公英、地黄、白头翁。双勾墨竹一丛，其中三竿竹上分踞三只麻雀，不管是理羽、觅食，还是向下俯视，神态各殊。分踞左右的两只灰兔，活泼清新。整幅画面具有很强的装饰性的对称性，生活气息也相当强烈，作品别具一格，值得珍视。据史料记载，契丹族对兔子的喜爱远超过汉族，甚至到迷信的程度，把三月三日定为"射兔节"，并有重阳节饮菊花酒，吃兔肝、鹿舌的习俗。

海棠禽兔图
清代 华嵒
北京故宫博物院藏

兔的绘画

梧桐双兔图
清代 冷枚
北京故宫博物院藏

凤仙花双兔　清代　沈铨

兔　八大山人墨笔杂画册第十开　清代　八大山人　北京故宫博物院藏

兔的绘画

中秋赏月图
清代
任伯年
上海博物院藏

兔的绘画

双兔 清代 马元驭（款）

动物图四屏之一 清代 程璋

芳郊猎兔　近现代　陈缘督

双兔图　近现代　刘奎龄

兔的绘画

桂花兔　近现代　齐白石

平安　现代　郭味蕖

兔　当代　方楚雄

兔的绘画

十二生肖之兔
当代
杨善深

花好月圆　当代　娄师白

兔的绘画

三兔 现代 刘继卣

兔的雕塑

玉兔　商代　殷墟出土　　　　　　玉兔佩　商周时期

玉兔　西周　陕西茹家庄西周墓出土

青铜兔尊　晋代　山西晋侯苏墓出土　　　青铜兔尊　晋代　山西晋侯邦父墓出土

兔的雕塑

月宫蟾 桂龙凤纹葵花镜 唐代　　　　青铜兔尊

白玉兔　西周

月宫镜 唐代

八瓣菱花形。内区一株大树拔地而起,树右侧为一飞舞的仙女,衣带卷曲飘拂,左侧为一玉兔捣药,其下有一只蟾蜍。外区环列八朵祥云,通体黑漆古,纹饰精致。

月宫镜 唐代

八瓣菱花形,龟钮。左上方嫦娥振袖曼舞,手擎一方牌,上有"大吉"二字。钮右侧是枝繁叶茂的桂树。钮下为一池水,左右分别为玉兔捣药和蟾蜍。空隙饰以流云。

"千里共婵娟"月宫香炉镜 宋代

香炉形,中置一腿,可自立。镜左侧为玉兔捣药纹饰,后立一枝繁叶茂的桂树,右侧为"但愿人长久,千里共婵娟"十字铭文,特殊形制。

月宫故事镜 宋代

此镜钮左侧楼阁亭台,内有一人正从门内走出,右侧一茂盛的桂树。钮下方左侧三位仙人在云端站立,中间玉兔捣药,蟾蜍在旁,右侧一人行走在桥上,一人相送,桥下一巨龙腾空飞越水上。此镜构图严谨,布局合理,纹饰少见。

白玉猎兔饰件
元代
中国文物信息咨询中心藏

白玉，有黄色皮。片状，椭圆形，减地凸雕一兽擒住正在觅食的小兔，兔的后脚被兽咬住，前肢扬起，似挣扎状，弱肉强食的情景栩栩如生。背面两对鼻穿孔，侧面是丝环，但因损坏已磨掉，应为腰饰。

白玉双兔饰件（三件）
元代
中国文物信息咨询中心藏

白玉，温润。长方形，精雕追跑状双兔，左侧兔的身上有石绺。此饰件主题纹饰的内容、兔奔跑的方向及尺寸相同，应为同一带上的饰物。背面六对鼻穿孔，可穿缀。

兔的雕塑

十二生肖艺术丛书·卯兔

玉兔　明代　小叶杨木木雕

兔子在传统的吉祥纹饰中一般多以侧面形象为多，而此件木雕雕刻了一只正面低头进食的兔子，机警地竖立着双耳，极为少见。为求构图的均衡，画面的右上方雕刻了一朵硕大的牡丹，并以相对繁复的工艺雕琢，使之与兔子产生简繁、动静的对比，足见经营之苦心。

如意玉兔　清早期　柳木木雕

此件雕于斗栱之上的兔子呈卧姿，双耳拢后，微微抬头，似乎听到了什么，一副警觉的样子。此件雕版雕工娴熟、精准，为木雕中不可多得的佳作。

双兔　明代　椿木木雕

兔，代表聪明伶俐，也表示宁静、平和和温顺。

传统纹饰中兔又象征月亮。傅玄《拟天向》："月中何有，白兔捣药。"成语"金乌西坠，玉兔东升"就将兔作为月的代称。还有玉兔和嫦娥的住所——广寒宫，又称为蟾宫，古代科考夺魁即称"蟾宫折桂"。"蟾宫折桂"亦称"蟾宫桂兔"。此件木雕纹饰虽简单，但意趣深长，表达了人们对美好未来的希冀。

双兔　明代　柳木木雕

此组双兔由两件雕版组成，大致呈对称状。两只兔子均双耳直立，口衔灵草，机警地回首张望，一副十分警觉的样子。作品以深雕、圆雕、透雕表现，刀法圆熟，浑如再生。

双兔　明代　柳木木雕

此组双兔木雕由两件组成，大致呈对称形，以透雕、圆雕等木雕技法表现。作品中的兔子口衔灵草，足登山石，呈回首奔跑状。其中一件还雕有一只手持仙桃的猴子，单足直立于山石之上，看着奔跑的兔子，似乎有些不解其意。

此组雕版概因材质疏松，或因年久，残损严重。

动物双面雕花板　清代　安徽

圆明园兽首兔铜像　清代

圆明园兽首铜像，又称圆明园十二生肖铜兽首、人身兽首铜像。原为圆明园海晏堂外喷泉的一部分，是清乾隆年间的红铜铸像。1860年英法联军火烧圆明园时流失海外，现仅有少量得以收回。

玉兔捣药耳坠

玉兔

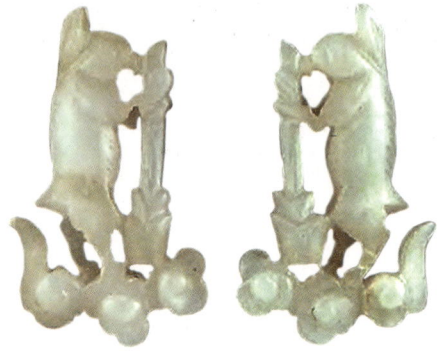
白玉蟾宫玉兔捣药耳坠　辽代

白玉兔纹玉板（二块）　元代

兔的雕塑

白玉巧作双兔望月饰件　辽金　中国文物信息咨询中心藏

白玉，立体雕刻。以玉皮色表现秋天的柞树，以玉的本色雕刻洞石、玉兔和月亮。一双玉兔蹲在柞树下面，仰望天上的月亮，呈现出一派恬静的田园风光。

釉剔花填白彩兔纹梅瓶

釉里红刻兔纹玉壶春瓶

白玉双兔纹炉顶　金代

玉兔捣药
木雕月饼模子

对娃 面塑 山西 山西河边民俗博物馆藏

这件面花将两个趴着的娃娃连在一起，昂头叉腿，一个手捧小鸡，另一个抱着玉兔，鸡和兔象征孩子吉祥、灵慧。

兔的雕塑

鱼兔娃 面塑 山西 山西河边民俗博物馆藏

民间面花大多为适应民间节日的需要而制作,具有鲜明的民俗色彩。这件面花就是晋北地区中元节时长辈送给孩子们的礼物。晋北忻州、定襄的面花尤为饱满生动,具有单纯粗犷稚拙之美。这组鱼兔娃的组合形象含有吉祥的寓意,以墨线勾出娃娃的眉眼和刘海儿,品红点唇,鱼以红枣做眼,玉兔双耳竖起歪头站立,构思新奇,颇得浑厚天真之趣。

玉兔捣药
木雕月饼模子

兔 陶瓷

兔的篆刻

兔纹印 汉代 北京故宫博物院藏

汉人以兔为祥瑞。《宋书·符瑞志》:"赤兔,王者德盛则至。"又:"白兔,王者敬耆老则见。"

兔 汉代　　　　　　　兔 元代

古代兔纹肖形印　　　　　　兔纹肖形印　陈冠英　张维萍

来楚生篆刻　　　　永生篆刻　　　　寒月篆刻　　　　孙其峰　作

兔的篆刻

现代兔纹肖形印

兔纹肖形印　陈冠英　张维萍

兔纹肖形印　山东　李晓鲁

十二生肖艺术丛书·卯兔

兔的年画

双兔图　年画　民国　山西大同

　　此图颇有田园之趣，两只家养兔子于草地上共吃两根萝卜，后有碧草、牡丹花点缀其间，清闲可观。按：兔子尝被作为秋月中的仙兽。宋梅尧臣《和永叔白兔诗》："月中辛勤莫捣药，桂旁杵臼今应闲。我欲拔毛为白笔，研朱写诗破公颜。"兔子因爪牙不利，常被猛兽作为充饥之食，故佛经里常把兔子作为佛身所化，为感化世人而牺牲自己。

兔的年画

月光　年画　晚清　山东聊城东昌府

桂序升平 年画 清代 天津杨柳青

《清稗类钞》："中秋日，京师以泥塑兔神——兔面人身，面贴金泥，身施彩绘，巨者三四尺，值近万钱，贵家巨室多购归，以香花饼果供养之。禁中亦然。"此图反映了过去民间中秋节的"拜月"风俗。

兔的年画

兔的剪纸

鹰捉兔　民国　西北地区

兔　民国　西北地区

生肖兔窗花　山东牟平

寿桃形十二生肖兔　山东高密

生肖兔窗花　山西永济

童子十二生肖　山西

十二生肖兔　山东高密

兔的剪纸

兔窗花

生肖双喜兔　山东高密

四兔四蝶转花　陕西富县

十二生肖艺术丛书·卯兔

童子十二生肖兔　山东莱州

兔子与花草　秦雪娥

玉兔星月　江浙地区

童子与兔
窗花　陕西凤翔

兔　陕西宝鸡

兔　河北蔚县

兔　西北地区

兔的剪纸

嫦娥奔月

鹰捉兔　陕西

人身十二生肖　山东高密

蛇盘兔

兔

兔

兔头形花鸟纹　广东

蛇盘兔

兔　静乐

蛇盘兔

兔　范祚信

兔的剪纸

兔　范祚信

十二生肖艺术丛书·卯兔

兔生肖剪纸

兔 谢志诚

兔 河北蔚县　　　　　　　兔 山西 郭梅花

兔的剪纸

生肖兔

生肖兔

生肖兔　山西

兔　江苏扬州

生肖兔

生肖兔　江苏南京　胡家芝

生肖兔

生肖兔　北京　张正宇

生肖兔

生肖兔

鹰捉兔

兔的摄影

十二生肖艺术丛书·卯兔

兔 的 摄 影

兔 的 摄 影

兔的玩具

兔宝　泥　山东济南

兔儿爷　泥　北京

兔的玩具

兔儿爷　泥　北京

双兔　泥　陕西凤翔

兔的票证、火花

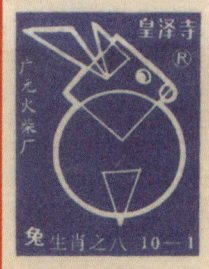

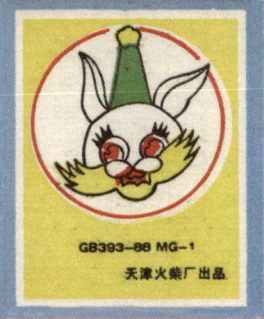

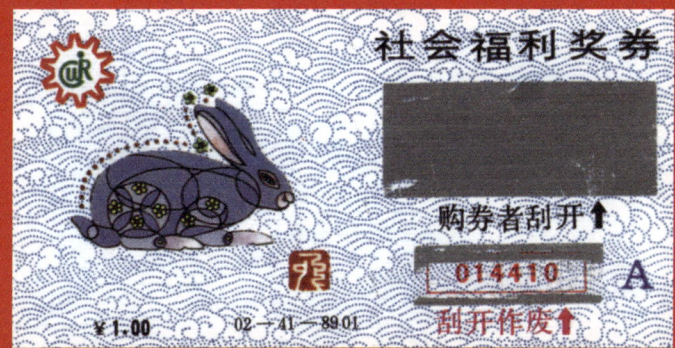  

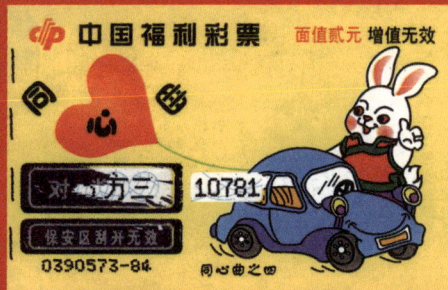  

兔的卡片

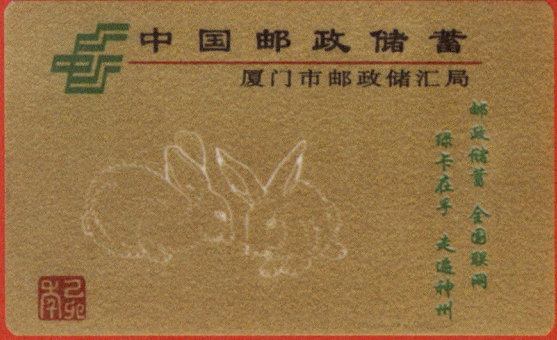

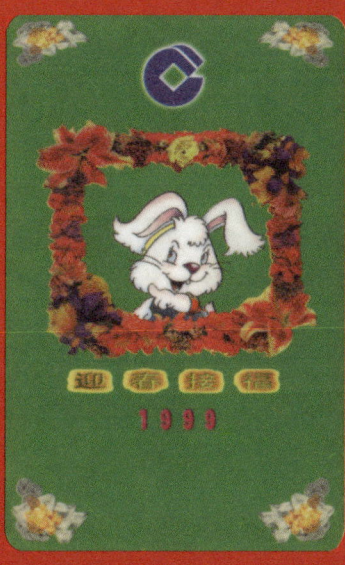

兔的古代纹饰

原始社会彩陶兔纹

商周时期的玉兔纹

兔的古代纹饰

汉画像石兔纹

六朝石刻兔纹

西周铜觯上的兔纹　河南洛阳北窑

商周时期的玉兔纹

北周石刻兔纹　陕西咸阳

商周时期的玉兔纹

汉代铜镜兔纹　上海博物馆藏

兔的古代纹饰

唐代李嗣墓志盝顶石刻兔纹

敦煌莫高窟第205窟唐代藻井上的兔纹

江苏邗江五代南唐王氏墓志石刻兔纹

四川什邡出土的唐或五代金腰带上的十二生肖缠枝纹之兔

唐代杨执一墓志石刻生肖之兔纹

唐代狩猎纹染缬上的兔纹样

宋代瓷盘上的兔纹

元代瓷器兔纹

山东嘉祥钓鱼山宋代杨氏墓志石刻十二生肖之兔纹

兔的古代纹饰

春秋时期青铜器兔纹

春秋时期青铜器兔纹

汉代画像石兔纹　河南南阳

西汉金箔贴花兔纹

唐代铜镜兔纹

宋代玉器兔纹

明代瓷器兔纹

兔的卡通

兔的卡通

兔的卡通

兔的卡通

兔的图案

兔　宝克孝绘

兔的图案

兔　杨治国、沈康、杨新安编绘

兔　杨治国、沈康、杨新安编绘

附 记

20世纪卯年大事记

中国农历癸卯年（光绪二十九年）
（1903.1.29 — 1904.2.15）

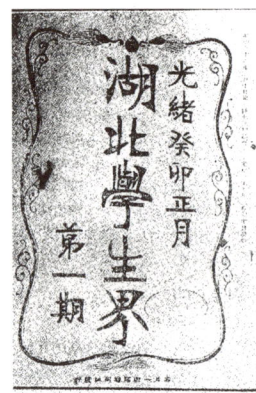

1月29日，湖北留日学生在东京创办革命刊物《湖北学生界》。首创用省区命名并由同乡会主编的办刊形式。以"输入东西之学说，唤起国民之精神"为宗旨，宣传民族独立，抨击君主专制，鼓吹民族民主主义。

2月13日，美国出面"调停"解决委内瑞拉偿付欧洲列强的债务问题，德、意、英三国取消对委内瑞拉的封锁。

3月1日，中国爱国天主教徒马相伯在上海创办震旦学院。

4月8日，女留日学生胡彬夏等在东京成立共爱会。

4月8日，沙俄交还营口到期，拒不履约撤兵。18日，沙俄向清政府提出七项新要求，妄图建立所谓"黄色俄罗斯"，激起全国人民义愤。

4月29日，中国留日学生秦毓鎏、叶澜等五百余人在东京集会，声讨沙俄罪行，反对沙俄拒不撤走侵占东北的军队，决定组织拒俄义勇队，开赴前线抗俄，并派代表钮永建等回国呼吁。5月2日，拒俄义勇队改名为学生军，公推蓝天蔚为队长，进行军事操练。后因清政府密令逮捕回国代表，并勾结日本政府勒令义勇队解散，遂改组为军国民教育会。

5月8日，法国著名画家高更去世。

5月27日，《苏报》聘章士钊为主笔，章炳麟、蔡元培等撰写稿人，发表并推荐邹容所著《革命军》及章炳麟驳斥康有为改良主义政见的文章，传播革命思想。清政府勾结上海公共租界工部局，于6月29日逮捕《苏报》主要撰稿人章炳麟。邹容激于义愤投案。7月7日，上海公共租界工部局查封《苏报》馆。

7月9日，中英沪宁铁路借款合同签字，款额325万镑。

7月20日，教皇利奥十三世以93岁高龄去世。

7月17日，美国画家惠斯勒去世。

7月19日，革命志士沈荩因在报上揭露《中俄密约》，在北京被捕。后被杖杀于刑部。

7月至8月，俄国乌克兰和高加索各工业中心发生总罢工，参加者达20万人。

7月19日，影响最大的环法自行车赛开始举行。赛程为2500公里，在60名参加比赛的选手中，

走完全程的只有21人。

8月12日，哥伦比亚参议院否决与美国签订的《巴拿马运河条约》。

8月23日，第六届犹太复国主义会议在瑞士巴塞尔召开。

9月8日，土耳其人在一修道院屠杀5万名保加利亚人。

9月17日，英国殖民大臣约·张伯伦辞职。

10月1日至13日，第一届世界棒球联赛在美国举行，掀起棒球狂热。美国联盟的波士顿红袜队以5∶3战胜全国联盟的匹兹堡海盗队。

10月5日，孙中山抵檀香山，重组被保皇派破坏的革命组织。

10月8日，美国迫使清政府订立《中美续议通商行船条约》，使中国内地各港完全对美开放。

11月2日，美国海军武装干涉巴拿马。次日，巴拿马在美国支持下发动政变，脱离哥伦比亚独立。6日，美国承认巴拿马共和国。

11月4日，黄兴、陈天华、宋教仁等在长沙发起组织革命团体华兴会。

11月12日，法国画家毕沙罗去世。

12月10日，居里夫妇与另一名法国科学家亨利·贝可勒尔，因他们在放射性现象研究方面取得的成果，被共同授予诺贝尔物理奖。

玛丽·居里是第一位获此殊荣的女性。1899年起，她在缺乏条件的情况下艰苦工作，以4年的时间从数吨沥青铀矿中提炼出仅100毫克的氯化镭，并初步测定镭的原子量是225。皮埃尔不久应用测热学研究镭辐射作用，并发现镭的生理效应。

1911年，玛丽·居里因发现镭和钋，再次荣获诺贝尔化学奖。

12月17日，美国莱特兄弟研制的世界第一架采用内燃机驱动的飞机——"飞行者1号"，在北卡罗来纳州进行首次飞机飞行。这架飞机飞起来虽然有些摇摇晃晃，却足以保持平衡，有效地控制翼面，并装有一台强大的引擎。

12月30日，素以火灾频繁出名的美国芝加哥，又一次发生火灾悲剧。当时，一座剧院正在举行迎接1904年的演出后台突然起火。由于石棉防火幕布被卡住，大火迅速蔓延。惊慌失措的人们竞相逃命，多人被踩死，一些人在从阳台和防火梯上跳下去时摔死，火灾造成578人死亡。

年末，陈天华所著《猛回头》刊行。

1904年1月12日，亨利·福特在美国创造时速达91.37公里的新车速记录。

1月13日，日本对俄国发出通牒，要求保全中国满洲领土，承认朝鲜在俄国利益之外。

2月6日，美国马里兰州剥夺黑人选民的选举权。

2月8日，日本舰队突然袭击中国旅顺口和朝鲜仁川港的俄国舰队。同日，日军在仁川登陆北上。

2月9日，俄国对日宣战。日俄战争爆发。

2月12日，清政府宣布：日俄开战，中国严守中立。

2月15日，资产阶级革命团体华兴会在湖南长沙建立，黄兴为会长。

中国农历乙卯年
（1915.2.14—1916.2.3）

3月10日，孙中山命中华革命党通告党员积极讨袁。

3月14日，日本增派军队3万到中国。18日，日军300名侵入奉天省城，以袁世凯政府承认《二十一条》为撤兵条件。

3月25日，北京、上海、广州、武汉和东北各地，先后掀起抵制日货运动，日本对华输出锐减。袁世凯通令禁止排斥日货。

4月20日，美国威尔逊总统称美国严守中立。

4月22日，德军在为反击英法军队的进攻，掩护其向东线调动而发动的第二次伊普尔战役中，首次在西线施放毒气（氯气）18万公升。英军1.5万人中毒，其中5000人死亡。伊普尔战役后，双方开始较大规模使用化学武器。但是由于毒气的施放效果有赖于风向，所以经常有风向变化，把毒气吹回来的情况发生。

4月26日，日本提出《二十一条》修正

案。5月7日，日本政府最后通牒，限48小时应允《二十一条》。5月9日，陆徵祥亲往日本使馆呈交复文，答应日本的要求。

5月1日，美国油轮"海湾之光"号被德国潜艇击沉。

5月2日，德军发动果尔利策战役，突破俄军战线。

5月7日，英国巨型客轮"卢西塔尼亚"号，在距爱尔兰岛兰金萨尔附近的海面被德国一枚鱼雷击沉，船上1198人全部丧生，其中有128名美国人。

5月13日，中国汉口爱国青年愤起阻止当地日侨准备举行"提灯庆祝会"。全市商店闭门熄灯停止夜市。商民与日人冲突，捣毁日本商店。5月18日，湖南长沙一青年反对《二十一条》，从天心阁跳城自杀。类似事件在各地连续发生。

5月23日，意大利加入协约国一方参战。24日，德国与意大利断交。

5月31日，德国"齐柏林"飞艇出现在英国首都伦敦的上空，在10分钟内投下了154枚炸弹。

6月，德国研制的世界第一架张臂式全金属单翼战斗机，在西线的战斗中确保了制空权，给予协约国军队以很大打击。

7月13日，中国珠江上游堤围崩决，造成广州空前大水灾。避水商民因午炊失慎，又造成特大火灾。

7月15日，英国南威尔士20万矿工举行罢工，要求加薪。

8月1日，中国全国银币统一为以袁世凯头像为图案的银元。中国银行、交通银行与钱业协会协议，取消以前所有其他货币，只流通"袁大头"一种。

9月15日 陈独秀主编的《青年杂志》在上海创刊。(从1916年第二卷起，改名《新青年》)

9月16日，梁士诒等发起请愿，要求国民会议解决国体问题。

9月28日，英军在美索不达米亚的库特埃尔阿马拉打败土耳其军。

10月8日，袁世凯公布《国民代表大会组织法》。25日，全国国民代表选举开始。

10月14日，保加利亚参战。次日，英国、法国和塞尔维亚对保加利亚宣战。

10月24日，宋庆龄回到日本东京。25日上午，宋庆龄与孙中山力排家庭和亲友的阻挠，到日本著名律师和田瑞家中办理了手续，在廖仲恺和日本友人田纯三郎等数人前举行了结婚礼。婚后，宋庆龄继续担任孙中山的秘书。

11月10日，日本大正天皇的即位典礼在京都御所举行。大正天皇在位22年，于1926年12月去世，终年48岁。

11月20日，各省"国体投票"结束，1993名代表赞成君主立宪，拥袁世凯称帝。

12月1日，美国要求德国撤走驻华盛顿的陆军和海军武官。7日，威尔逊总统在国会发表演说，认为美国有必要进行"备战"。

12月5日，中华革命党人杨虎等策动反袁武装起义。

计划由停泊在上海的肇和军舰发动，应瑞、道济两舰配合，与陆上革命党人相呼应，攻打上海江南制造局、电话局和警察总局。由于事机泄露，应瑞、道济两舰被敌收买，起义发动后，转而攻击肇和，起义失败。

12月11日，北京政府参政院推戴袁世凯为皇帝。12日，袁世凯"被迫"宣布接受帝位，改国号为"中华帝国"，称"中华帝国大皇帝"，以1916年为"洪宪"元年，准备于元旦正式称

帝。全国人民奋起反对，蔡锷、李烈钧等在云南组织护国军，蔡锷率军入川与袁军激战，孙中山亦派党员到各地起兵讨袁。袁调兵镇压无效，被迫于1916年3月22日宣布取消帝制。

1916年1月1日，中国云南军政府成立，取消将军行署、巡按使署，改为都督府，举唐继尧为护国军政府总督。护

国军第一军总司令官蔡锷、第二军总司令官李烈钧联名发表护国军政府讨袁檄文。

1月6日，英国通过义务兵役法。

1月9日，在中东的协约国部队撤退，加利波利战役完全失败。

1月29日，德国的齐伯林飞艇首次袭击法国首都巴黎。

中国农历丁卯年
(1927.2.2 — 1928.1.22)

2月3日，葡萄牙发生反对卡尔莫纳将军独裁的起义。13日，起义失败。

2月4日，英国坎贝尔创造每小时281.4公里的地面车速纪录。29日，美国亨利·西格雷夫创造时速327公里的新记录。

2月11日，墨西哥由于天主教会不承认1917年宪法，政府下令没收教会财产、封闭教会学校、驱逐外国神父和修女，引起国内几百万罗马天主教徒的愤懑。10月，墨西哥爆发大规模叛乱，迅速波及全国12个州。政府对叛军进行猛烈打击。年底，大多数叛军领袖被俘并被处死。

2月28日，中华全国总工会命令各工会于本日总罢工一小时，反对英军来华。全国七省二百余万工人响应。

3月21日，在中国共产党人周恩来、赵世炎等领导下，上海80万工人举行总罢工。接着举行第三次武装起义，向驻在上海的军阀部队直鲁联军全面进攻，经过30余小时的血战，于22日占领上海。

3月21日，中国近代改良派领袖康有为在山东青岛去世。

3月24日，北伐军占领南京，帝国主义借口保护侨民，炮击南京，造成"南京事件"。

4月6日，中国奉系军阀张作霖搜查苏联大使馆，逮捕了李大钊等共产党人和国民党左派人士。28日，李大钊被处以绞刑，从容就义，时年38岁。

4月12日，蒋介石在上海收买青帮流氓冒充工人，向分驻各处的工人纠察队队部发动袭击。随后，国民党第二十六军周凤歧部借口

调解"工人内讧"，强行解除工人纠察队员二三百人。13日，上海工人举行总罢工，十余万工人、学生、市民举行集会游行。队伍行至闸北宝山路时，再次遭到国民党军队的屠杀，群众死百余人，伤无数。此后三天内，即有三百多人被杀，五百多人被捕，五千多人失踪。这次反革命政变为蒋介石建立反动的南京政府扫清了道路。

4月18日，蒋介石在南京成立国民政府，与武汉国民政府对立。

5月2日，54国经济会议在瑞士日内瓦召开。

5月20日至21日，来自美国明尼苏达州的26岁飞行员查尔斯·林白，驾驶单翼"圣路易精神"号飞机由纽约起飞，经过33个多小时的飞行抵达法国巴黎，创单人连续越洋飞行记录，并赢得25000美元的奖金。

5月21日，国民革命军驻长沙的许克祥等部发动反革命政变，逮捕和残杀大批共产党人和工农群众。至6月10日，被害者达万余人。因21日的电报代日韵目为"马"字，故称这一事件为"马日事变"。

5月27日，英国断绝与苏联的外交关系。

6月28日，英国议会通过绝对禁止举行总罢工的法律。

6月18日，张作霖在北京就任"中华民国陆海军大元帅"，发表讨共宣言。

7月4日，印度尼西亚民族主义者苏加诺在万隆建立印度尼西亚民族联盟（1928年3月改称印度尼西亚民族党）。

7月15日，奥地利维也纳工人因法庭宣布3名德意志民族党凶手无罪开释，举行罢工和游行，被警察打死85人。

7月15日，汪精卫在武汉公开宣布和共产党决裂，并封闭工会、农会等革命团体，提出"宁可枉杀千人，不可使一人漏网"，大肆屠杀共产党员和革命群众。至此，中国第一次国内革命战争失败。

7月24日，日本小说家芥川龙之介在东京的家中自杀身亡。1915年芥川龙之介发表短篇小说《罗生门》等，成为新思潮派的代表人物。早期作品多取历史题材，重艺术构思，审美意趣，显示一定的唯美主义倾向。后转向写实，晚期作品《海市蜃楼》等有对社会的绝望思想。

7月27日，中共周恩来、李立三、恽代英、彭湃组成前敌委员会。

8月1日凌晨，周恩来、贺龙、叶挺、朱

德、刘伯承等领导三万余起义军向南昌敌军发动进攻，经过5小时的激战，胜利占领南昌城。南昌起义向国民党反动派打响了第一枪，是中国共产党独立领导武装斗争和创建革命军队的开始。

8月7日，中共中央在汉口召开紧急会议，撤销陈独秀的总书记职务，确定了土地革命和武装起义的总方针。

8月23日，1921年因诬告而被判死刑的两名美籍意大利人萨科和范齐蒂被送上电椅。由于缺乏定罪的证据，因而在美国及世界各地引发抗议活动。

9月9日，秋收起义在湘赣边界爆发。起义军经过多次激战，受到严重挫折。剩余部队到浏阳文家市集中，毛泽东召开前敌委员会，决定改变攻打长沙的计划，向敌人统治力量薄弱的罗霄山中段进军。随后，部队在江西三湾村整编，确立了党对军队的绝对领导。

9月14日，美国现代舞创始人邓肯，在法国尼斯因车祸去世。

9月22日，塞拉利昂废除家庭奴隶制。

9月29日，美国著名棒球运动员鲁思创造了一个赛季60个本垒打的最高记录，打破了自己此前在1921年创下的59个本垒打记录。

10月28日，泛美航空公司创立世界首次国际航班。

11月4日，苏共将托洛茨基和季诺维也夫开除出党。

11月22日，意大利与阿尔巴尼亚签订第二个《地拉那条约》。条约规定两国建立为期20年的防御同盟并进行军事合作。

11月24日，中华民国临时政府成立，段祺瑞就任"临时总执政"。

12月11日，张太雷、叶挺、恽代英、叶剑英等在广州组织起义，建立广州苏维埃政府。

中国农历己卯年

(1939.2.18 — 1940.2.2)

2月27日,英国和法国承认西班牙佛朗哥叛军政府。

3月15日,德国公然入侵捷克,占领捷克首都布拉格。

3月27日,历时10天的南昌会战结束。日军以伤亡1.3万人的代价攻占江西省会南昌。

3月28日,西班牙叛军攻陷首都马德里。西班牙内战使70万人死于战场,3万人被枪决或暗杀,1.5万人死于空袭。

4月1日,苏联教育家马卡连柯去世,终年51岁。

4月4日,中国共产党陕甘宁边区政府颁布《陕西宁边区土地条例》确定人民经分配所得之土地,即为其私人所有。

土地改革前之旧有土地关系,一律作废。

4月7日,意大利占领阿尔巴尼亚。

4月11日,希特勒批准代号为"白色计划"的对波兰作战计划。

4月12日,德、意、日政府与西班牙佛朗哥政权建立军事同盟。

4月23日,八路军与日军在河北齐会激战,歼灭日军七百多人,首次取得平原歼灭战的胜利。

5月3日至4日,日本陆海军联合轰炸重庆,

使重庆市区成为一片火海,大量无辜的平民在炸弹和烟火中丧生。

5月15日,以"未来的世界"命名的纽约万国博览会开幕。巨大的展场展示了众多现代化时尚建筑,总耗资1亿5千万美元。德国没有参加本次博览会。

5月19日,法国和波兰订立军事同盟条约。

5月22日,德国和意大利签订政治军事同盟条约(《德国和意大利友好同盟条约》)。

6月8日,国民党政府下令通缉汉奸汪精卫。

6月11日,国民党政府河北省保安司令张荫梧率部袭击八路军后方机关,造成四百余人伤亡。

6月12日,国民党第二十七集团军包围湖南平江新四军通讯处,造成平江惨案。

7月3日,侵华日军以5万兵力,开始对晋冀豫边区进行"扫荡"。

7月8日,刘少奇在延安马列学院作《论共产党员的修养》报告。

8月23日,两架"秃鹫"运输机载着纳粹德国代表团到达莫斯科。斯大林、莫洛托夫和里宾特洛甫通过两次会谈,

当晚,双方正式签订了《苏德互不侵犯条约》。

8月28日,汪精卫在上海非法召开"国民党第六次全国代表大会",出席者233人。

9月1日，德国对波兰不宣而战。晨4时45分，德军170万人在占绝对优势的空军支持下，分三路入侵波兰。同日，希特勒宣布但泽划入德国版图。随即英国、法国、比利时政府宣布国内

总动员。3日，英国、法国先后对德宣战，第二次世界大战全面爆发。芬兰、挪威、瑞典、丹麦、冰岛、土耳其等欧洲国家及美国，先后宣布保持中立。27日，德军占领华沙。第二次世界大战爆发。

9月8日，日机轰炸延安。

9月10日，英国远征军第一批部队在法国登陆。

9月24日，日军进犯长沙。10月7日，中国军队取得长沙大捷。

9月28日，苏、德两国签订划定边界的《边界友好条约》。

9月1日，解决德国赔款问题的道威斯计划开始生效。

10月4日，毛泽东指出"统一战线，武装斗争，党的建设"是中国共产党克敌致胜的三大法宝。

10月11日，美国总统罗斯福下令成立研究原子能武器的机构。

11月7日，晋察冀八路军在日军冬季大"扫荡"中，歼敌九百余人，击毙被誉为"名将之花"的日第二混成旅旅长阿部规秀中将。

11月8日晚，在德国慕尼黑一家挤满了人的啤酒馆里，发生一起炸弹爆炸事件，六人被炸死，六十多人受伤。但炸弹的真正目标却逃走了，阿道夫-希特勒在炸弹爆炸前15分钟离开了酒馆。

11月12日，加拿大共产党员、国际主义战士诺尔曼·白求恩，因医治伤员感染，在河北省完县黄石村逝世。12月1日，延安各界举行追悼大会，毛泽东题了

挽词，并于12月21日写了《纪念白求恩》一文，号召中国共产党员学习他的国际主义精神和共产主义精神。

11月24日，国民党军弃守南宁。

11月30日，苏联进军芬兰，苏芬战争爆发。

12月，阎锡山以六个军的兵力分三路袭击山西抗日决死队第二纵队及八路军晋西独立支队，杀害牺盟会干部。这一事变，揭开了国民党第一次反共高潮的序幕。

12月15日，片长达3小时的电影《飘》（《乱世佳人》）公映，成为有史以来最受欢迎的电影。英国电影演员费雯丽因主演该部影片而一举成名，1940年、1951年两度获得奥斯卡最佳女主角奖。1967年7月7日

费雯丽因突发肺结核去世，享年53岁。1999年，她被美国电影学会选为百年来最伟大的女演员第十六名。

12月17日，德国"斯比海军上将"号战舰在英国海军追逼下自沉。

12月30日，汪精卫与日本缔结卖国密约《日支新关系调整纲要》。

1940年1月15日，毛泽东《新民主主义论》在《中国文化》创刊号上发表。制定了新民主主义革命的政治、经济和文化的纲领。

中国农历辛卯年
(1951.2.6—1952.1.26)

2月21日，中央人民政府发布命令，公布《中华人民共和国惩治反革命条例》。《条例》共分21条，根据党的镇压与宽大相结合的政策，规定了处理反革命案件的原则和方法，推动了镇反运动的深入开展，形成了群众运动的高潮。

2月21日，美国参谋长联席会议主席布莱德雷在国会作证时指出美国定在"错误的时间，错误的地点，同错误的敌人进行错误的战争"。

3月4日，有11个国家和地区489名运动员参加的第一届亚洲运动会，在印度首都新德里举行。

3月7日，伊朗国民议会通过石油国有化法案。

3月14日，中朝人民军队主动撤离汉城。

3月28日，美国第七舰队司令宣称：美国海军将阻挠中国人民解放台湾。4月10日，美国第七舰队在台湾海峡举行军事演习。

4月11日，美国远东军总司令兼"联合国军"总司令麦克阿瑟被撤职，李奇微继任。

4月15日，云南处决1946年刺杀著名民主人士李公朴、闻一多及制造"一二·一"血案的凶手。

4月22日至6月10日，中朝军队发动第五次战役，歼敌八万二千余人。敌我双方转入战略对峙。

4月29日，美国武装间谍乌斯满匪首和杀害陈潭秋、毛泽民、林基路、乔国损的凶手在新疆伏法。

5月16日，玻利维亚发生政变。

5月20日，《人民日报》发表毛泽东撰写的社论：《应当重视电影＜武训传＞的讨论》。

5月23日，中央政府代表与西藏地方政

府代表在北京达成和平解放西藏的协议。

6月，中国开展"支援抗美援朝，捐献飞机、大炮"运动。到年底，捐款折合战斗机3152架。

6月7日，第二次世界大战后被送上法庭的最后七名战犯，在西德巴伐利亚州被处以绞刑。

6月25日，美国纽约哥伦比亚电视台进行世界首次彩色电视节目直播。

6月30日，"联合国军"总司令李奇微提出停战议和。

7月16日，全国铁路代表在汉口江岸公审"二七惨案"主凶。

8月8日，法国国民议会授权普利文组阁。11日，普利文组成新政府。

8月13日，中国规定9月3日为抗日战争胜利纪念日。

9月8日，美国国务卿艾奇逊和日本首相吉田茂在旧金山签订《美日安全条约》。条约允许美军无限期驻扎日本。

9月18日，中央人民政府副主席宋庆龄在北京接受"加强国际和平"斯大林国际奖金。

10月1日，庆祝中华人民共和国成立2周年典礼在北京天安门广场隆重举行。

在这一年的阅兵式上，体现出一些新的特点：一批身经百战

和功勋卓著的解放军高级指挥员以中国人民解放军军事学院学员的身份参加了国庆阅兵式；参加阅兵式的各类专业军事院校学员数量增加；伞兵部队、火箭炮部队、防空兵部队等一些新兵种纷纷亮相；民兵大队第一次出现在国庆阅兵式上，他们是华北老解放区民兵的代表，都是战斗英雄和工作模范。

10月12日，由中共中央毛泽东选集出版委员会主持出版的《毛泽东选集》第一卷，出版发行。

10月24日，达赖喇嘛致电毛主席，拥护和平解放西藏的协议。

10月25日，朝鲜停战谈判在板门店恢复举行。

10月25日，英国议会选举，工党失败。26日，温斯顿·丘吉尔再次出任首相并组阁。取得胜利时，他仍然没有忘记战时闻名的"V"形手势。

10月26日，中国人民解放军根据协议，进驻拉萨。

11月1日，美国在内华达州拉斯维加斯进行核试验。这次核试验首次与地面参战部队相配合，结果对参加演习的人员造成了不同程度的核辐射。

11月29日，叙利亚发生军事政变。

11月30日，中共中央发出《关于在学校中进行思想改造和组织清理工作的指示》。

12月1日，中央作出《关于实行精兵简政，增产节约，反对贪污，反对浪费和反对官僚主义的决定》。8日，又发出《关于反贪污斗争必须大张旗鼓地去进行的指示》。从此，"三反"运动在全国开始。

12月20日，郭沫若获1951年"加强国际和平"斯大林国际奖金。

12月21日，为表彰老舍创作《龙须沟》的艺术贡献，北京市人民政府授予老舍"人民艺术家"的荣誉称号。

12月24日，日本首相吉田茂向美国杜勒斯保证，日本将与台湾当局媾和。

12月24日，利比亚独立。

1952年1月1日，毛主席号召大张旗鼓地开展反贪污、反浪费、反官僚主义的斗争。"三反"运动进入高潮。

1月7日，英国首相丘吉尔与美国总统杜鲁门，在华盛顿就支持"欧洲军"计划和加强北大西洋公约组织等问题举行会谈。

1月18日，埃及发生反英骚乱。26日，开罗50万人示威游行，市中心发生空前巨大的纵火案。

1月20日，艾森豪威尔就任美国总统。任内签订朝鲜停战协定，但继续奉行冷战政策，并先后提出艾森豪威尔主义、大规模报复战略和战争边缘政策。1969年病逝，终年79岁。

1月26日，中共中央发出《关于在城市中展开大规模的坚决彻底的"五反"斗争的指示》。

中国农历癸卯年

（1963.1.25－1964.2.12）

1月29日，法国否决英国加入欧洲共同市场的申请。

2月3日至10日，第三届亚非人民团结大会在莫希举行。

2月6日，美国对古巴实行航运限制。

2月11日至28日，中共中央在京召开工作会议，决定继续实行调整、巩固、充实、提高的方针。

2月14日，中国国家级近现代美术博物馆——中国美术馆在北京建成。它是新中国成立10周年时筹建的北京十大建筑之一，出自杰出建筑学家戴念慈之手，毛泽东题写匾额。

2月21日，苏联警告美国，美国袭击古巴就意味着世界大战。

3月5日，中国《人民日报》发表毛泽东的题词："向雷锋同志学习"。《人民日报》《解放军报》等各大报刊相继发表雷锋事迹，在全国掀起向学习雷锋的运动。

3月17日，印度尼西亚巴厘岛火山爆发，造成11000人死亡。

3月29日，中共中央批转文化部党组《关于停演"鬼戏"的请示报告》，要求全国城市、农村一律停演。5月，《文汇报》发表署名文章，把孟超新编昆剧《李慧娘》和繁星（即廖沫沙）的"有鬼无害论"作为意识形态阶级斗争的重要表现开始批判。

3月30日，中国国家主席刘少奇发布特赦令，对确实改恶从善的战犯实行特赦。

3月30日，日本东海道新干线建成，时速达到256公里。

4月3日至5月12日，美国黑人群众举行规模浩大的示威游行，抗议种族歧视政策，遭到警察镇压。

4月4日，中国最高人民法院提前释放两名在押的日本战犯。

4月9日，英国丘吉尔被授予美国公民称号。

4月25日，中国国防部发布命令，授予驻守上海的某部八连"南京路上好八连"的光荣称号。

5月1日，中国第一艘自制万吨级远洋货轮"跃进"号，在驶往日本途中遇难沉没。

5月22日，中国第二届国产影片"百花奖"揭晓，故事片《李双双》等获奖。扮演李双双的张瑞芳获最佳女演员奖，扮演喜旺的仲星火获最佳配角奖。

5月25日，非洲统一组织成立。

6月2日，原蒋军空军第二联队十一大队四十三中队上尉飞行员徐廷泽，驾美制F-86F喷气式战斗机起义，飞返祖国大陆，在华东某机场着陆。国防部长林彪授予徐廷泽少校军衔,并奖给黄金2500两。21日,北京各界1500多人在政协礼堂举行盛大集会,热烈欢迎徐廷泽弃暗投明。

6月3日,教皇约翰二十三世在梵蒂冈城去世,终年81岁。

6月11日,中国人大常委会副委员长、政协全国委员会副主席、民主同盟主席沈钧儒去世,终年90岁。建国后沈钧儒曾任中央人民政府委员,最高人民法院院长等职。

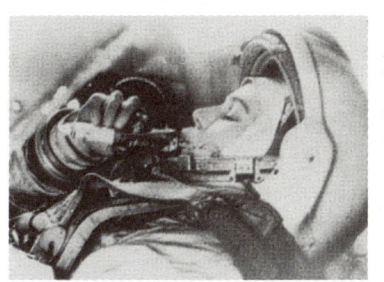

6月16日,苏联女宇航员成为世界上第一位进入太空的女性。

6月29日,中国公安部发表公报:东南沿海军民连续歼灭从海上偷渡登陆的六股美蒋武装特务。

7月5日至20日,以中共中央政治局委员、中共中央总书记邓小平为团长的中国产党代表团前往苏联。刘少奇、周恩来、彭真等党和国家领导人到机场送行。代表团在莫斯科与苏共中央书记苏斯洛夫为团长的苏联共产党代表团举行会谈。双方就现代世界发展、国际共产主义运动和中苏关系等重大问题,阐述了各自的观点和立场。

8月28日,美国华盛顿发生有史以来最

大规模的群众示威,20余万示威者要求给予黑人以完全的民权。

9月1日,中国《人民日报》编辑部和《红旗》杂志编辑部联名发表文章:《苏共领导同我们分歧的由来和发展》(即一评)。

10月1日,尼日利亚宣布成立共和国。

10月16日,路德维希·艾哈德成为德国总理。

11月9日,日本一煤矿发生爆炸,矿工死452人,伤450人。

11月10日,印度、巴基斯坦霍乱蔓延。

11月10日,第一届新兴力量运动会在雅加达开幕。在开幕式上,由印度尼西亚共和国总统苏加诺宣布第一届新兴力量运动会开幕。10万多名观众在场参加了这一具有历史意义的盛举。

11月18日,中国人民解放军战士欧阳海为保障旅客安全壮烈牺牲。

11月22日,中国与阿富汗边界条约在北京签订。

11月22日,美国总统约翰·肯尼迪在美国南部的得克萨斯州达拉斯市遇刺身亡。据美国通讯社报道,肯尼迪是被行刺者用步枪击中头部死去的。副总统约翰逊同日宣誓就任第三十六任美国总统。

11月24日,树立在日本花冈矿山的中国烈士纪念碑揭幕。碑上刻有516位在日本花冈矿山惨遭日本当局杀害的中国士兵和劳工的名字。

12月10日,桑给巴尔成为英联邦内的独立共和国。

12月12日,肯尼亚独立,肯雅塔任总统。

12月22日,一艘希腊轮船在大西洋失火沉没,150人丧生。

12月25日,中国政府宣布:石油产品可以基本自给,结束了中国人民使用"洋油"的时代。

中国农历乙卯年
（1975.2.11—1976.1.30）

2月11日，英国保守党选出了第一位女领袖，前教育大臣玛格丽特·撒切尔击败了前首相爱德华·希思和其他14名竞争者。1979年5月3日，英国保守党领袖玛格丽特·希尔达·撒切尔夫人出任首相，成为英国历史上第一位女首相。

3月8日，中国杰出的京剧表演艺术家周信芳同志遭"四人帮"残酷迫害致死，终年80岁。

3月10日，北越军队开始攻打西贡北部150英里处的多乐省首府邦美蜀。他们占领这座城镇几乎未遇到南越军队的抵抗。在大批坦克的支援下，北越军队开始向南推进，跨过1973年1月停火以来作为分界线的石河。尽管阮文绍总统公开发誓要"守住防线"，但南越军队极少抵抗，纷纷溃逃。3月31日，北越军队逼近西贡，南越部队在北越发动进攻之前仓皇撤退。

3月19日，根据第四届全国人大常委会第二次会议决定特赦释放全部在押战争罪犯，并给予公民权。最高人民法院宣布特赦黄维、李九思等293名全部在押战犯。至此，处理所有战犯工作全部结束。对国内全部856名战犯的处理情况是：特赦589名，刑满释放65名，另案处理（释放）10名，经审查后按起义投诚对待、立即释放的有25名，病亡167名。

3月25日，沙特阿拉伯国王兼首相费萨尔·伊本·阿卜杜拉·阿齐兹·沙特遇刺身亡。

4月2日，中国共产党创始人之一、党和国家卓越领导人董必武在北京逝世，终年90岁。

4月5日，蒋介石因心脏病突发，在台北市郊草山（蒋介石改名阳明山）官邸内病逝，时年88岁。

4月9日，美国精神病学会正式将"同性恋"自"精神疾病"项目中删除。

4月15日，黎巴嫩内战爆发。

4月30日，越南南方革命军解放西贡——嘉定市，获得了"胡志明战役"的完全胜利。"胡志明战役"，是越南南方军民在抗美救国战争中完全解放越南南方的一次历史性战役。

5月8日，中国同欧洲经济共同体建立正式关系。

5月12日，1964年自建交以来中国领导人第一次访问法国。法国总理雅克·希拉克在机场迎接邓小平副总理。

6月，中国第二汽车制造厂经过近6年的艰苦奋斗，第一个基本车型EQ240两吨越野车下线，全厂职工为此欢悦。

8月18日，中国国务院公布《工业二十条》。由国家计委从7月中旬开始起草，初为14条。邓小平在国务院讨论这个文件时，提出六条补充修改意见：一、加强农业为基础的思想，工业越发展越要把农业放在第一位；二、引进外国技术装备开采煤矿，用我们生产的煤炭偿付，这是一个大政策；三、加强企业科学研究；四、质量第一是个重大政策；五、规章制度关键是责任制；六、按劳分配。

《工业二十条》是治理"文化大革命"经济战线之乱的重要文件，同时提出了发展工业一系列重大方针政策问题。

8月28日，莫拉莱斯发动政变出任秘鲁总统。

9月7日，周总理生前接见的最后一位外宾是现罗马尼亚社会主义劳动党主席伊利耶·维尔德茨。

9月16日爆发的内战使黎巴嫩陷于分裂，贝鲁特的街道变成了一片火海，政府受到威胁。装备精良的穆斯林教徒和基督教徒展开了激战，人行道上堆满了尸体和瓦砾，造成的损失高达80亿英镑。

11月20日，西班牙苏里南共和国终身摄政王、法西斯军人独裁者佛朗哥在马德里病故。22日，前国王阿方索十三世之孙胡安·卡洛斯一世继承王位。

11月25日，苏里南共和国的国旗在帕拉马里博的体育场上空徐徐升起，从而庄严宣告苏里南获得独立和苏里南共和国诞生。

独立典礼一开始，苏里南军官降下了荷兰国旗，象征着荷兰的三百多年殖民统治从此结束。苦难深重的苏里南人民为了反对外国侵略和争取祖国的独立和自由，前后奋斗了四百多年，终于取得了伟大的胜利。

11月26日，中国用"长征"2号运载火箭发射了第一颗返回式人造地球卫星。卫星运行轨道距地球最近点173公里，最远点

483公里，绕地球一周91分钟。卫星在正常运行3天后按预定计划返回地面。这使我国成为世界上第三个掌握卫星返回技术的国家。

12月2日下午，毛泽东主席会见了来访的美国总统杰拉尔德·福特及其夫人贝蒂·福特，以及随同福特总统访问的其他人员。

1976年1月8日，中国中央、全国人民代表大会常务委员会、国务院以极其沉痛的心情宣告：中国共产党中央委员会委员、中央政治局委员、中央政治局常务委员会委员、中央委员会副主席、中华人民共和国国务院总理、中国人民政治协商会议全国委员会主席周恩来同志，因患癌症，于1976年1月8日9时57分在北京逝世，终年78岁。

1月21日，毛泽东提议华国锋任国务院代总理并主持中央日常工作。

中国农历丁卯年
(1987.1.29 — 1988.2.16)

2月1日 人民币长城信用卡在北京首次发行。

3月6日，比利时港口泽布腊赫附近发生了英吉利海峡航行史上在和平时期所发生的惨剧之一，一条载运着五百多人的渡轮倾翻在海水中。

3月31日，荷兰画家凡·高的一幅《向日葵》在英国伦敦克里斯蒂拍卖行以2250万英镑高价售出。

4月13日，《中华人民共和国政府和葡萄

牙共和国政府关于澳门问题的联合声明》在北京正式签署。声明规定：1999年12月20日中国恢复对澳门行使主权；澳门回归祖国后，设立特别行政区；澳门的社会制度50年不变，生活方式不变。

5月6日，中国黑龙江省大兴安岭地区发生特大火灾，火灾面积100万公顷，其中森林

面积65万公顷，烧毁贮木场存材75万立方米，直接经济损失约5亿元。

7月11日，世界上第五十亿个居民出生在原南斯拉夫萨格勒布市。他的名字叫马特伊·加斯帕。后来萨格勒布市被定为第五十亿个居民城。当时世界各大报头版都刊登了"全球人口闯入50亿大关"、"50亿意味着什么"等非常醒目的发人深省的大标题。联合国人口活动基金会宣布这一天为"50亿人口日"。

7月31日，在做完下午祈祷后，几千名伊朗朝觐者突然在沙特阿拉伯麦加城大清真寺外发起游行示威，他们高呼"打倒美国"、"打倒苏联"、"打倒以色列"的口号，同时焚烧美国总统里根的画像。沙特警察对此进行了干预，双方发生激烈冲突，造成402人丧生，649人受伤。死亡者中有275人是伊朗人，85人是沙特警察，还有42名其他国家的朝觐者，造成了历史上罕见的流血惨案。

8月9日，在素有"黄金城"之称的南非最大城市约翰内斯堡附近的矿区，爆发了南非黑人矿工斗争史上规模空前的大罢工。

9月8日，中国首次土地拍卖活动。深圳市以协商议标形式出让有偿使用的第一块国有土地。

10月13日，挪威议会诺贝尔奖金委员会宣布，授予哥斯达黎加总统奥斯卡·阿里亚斯·桑切斯1987年诺贝尔和平奖，以表彰他在危地马拉城达成的中美洲和平协议作出的努力。和平奖的正式颁发仪式于12月10日在奥斯陆举行。

10月13日，在国内销声匿迹三十多年的典当商行在成都重新出现，一家名为成都华茂典当商行的新型当铺为企业生产和群众生活提供方便的新式典当服务。

10月31日，上海一饭店发生重大事故，承办百桌酒席中毒七百多人。

11月5日，南非司法部长库切宣布，南非

当局当天释放了被监禁达23年之久的南非非洲人国民大会领导人戈万·姆贝基和其他四名政治犯。

11月11日，中国一条全立交、全封闭式的快速公路——京石公路北京段一期、二期工程正式开通使用。

11月16日，中国第一个股份集团——中国嘉陵工业股份公司(集团)在重庆宣告成立，成为我国又一个计划单列的企业集团。

11月21日，西德第一颗电视直播卫星由欧洲"阿丽亚娜"2型运载火箭在法属圭亚那的库鲁宇航站发射成功。

11月18日傍晚，伦敦最繁忙的国王十字地铁站发生严重火灾，造成32人死亡，100多人受伤。女王伊丽莎白二世对这一灾难性事件表示震惊，首相撒切尔夫人亲赴事故现场察看并前往医院探视伤员。

11月26日，深圳市政府首次公开招标有偿出让的土地使用权已有得主。深华工程开发公司在9家投标公司的激烈竞争中获胜，它以合理的土地标价、良好的建筑规划方案和企业资信取得一块46355平方米住宅用地为期50年的使用权。

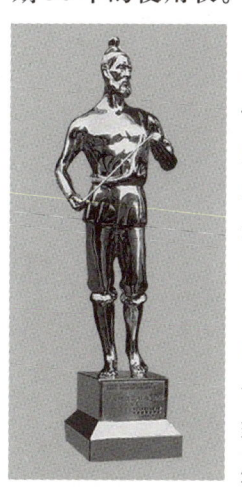

11月28日，中国建筑行业工程质量的最高荣誉——建筑工程鲁班奖在重庆首次颁发，哈尔滨松花江公路大桥、广州市花园酒店、上海市华亭宾馆等12项工程获奖。

12月5日上午，悬挂巴拿马国旗的"卡松号"货轮在离西班牙西北海岸菲尼斯特雷区约15海里处遇难。船上23名中国船员丧生，1人失踪，7人脱险。

12月6日上午，在中国西部边陲重镇新疆维吾尔自治区喀什市，汽笛声声长鸣，全长1446.37公里的南疆铁路全线正式开通运营。

12月7日结束的第七次夏威夷国际电影节上，中国影片《老井》获评委特别奖。

12月8日，秘鲁"利马联合"足球队乘坐的一架秘鲁海军飞机8日晚上在利马附近海面坠毁，机上乘客仅一人幸免于难，其余全部丧生。这架飞机是该足球队的包机，上面有该队的16名队员、1名教练、3名裁判员，其中包括3名国家队队员，他们全部丧生。

12月14日，让·昂格尔·托蒂在巴黎国家图书馆的阁楼里重新找到了一具被人们遗忘了达一个多世纪之久的埃及木乃伊。

12月16日，民主正义党总裁卢泰愚击败金大中和金泳三，成为自朴正熙之后首位民选总统。

1995年卢泰愚因筹集和侵吞秘密政治资金而被捕。韩国检察机关对其提出起诉，卢泰愚在首尔地方法院出庭受审，成为韩国历史上第一位在法庭公开受审的前国家元首。

12月20日，菲律宾两艘轮船在菲中部东民都洛岛附近海面相撞，使一千五百多人失踪。这是本世纪最严重的一次海上事故。

1988年1月18日，中国民航西南航空公司222号伊尔18型客机从北京飞往四川重庆，北京时间22时15分，在距重庆白市驿机场直线距离约5公里处坠毁。10名机组人员、98名乘客(其中有3名来自日本、1名来自英国)全部不幸罹难。

1月19日，第一个台湾返乡探亲团抵达北京。

二十世纪卯年大事记

中国农历己卯年

（1999.2.16—2000.2.4）

2月28日，备受人们尊敬和爱戴的文坛世纪老人冰心因病逝世，享年99岁。

3月12日，世界著名小提琴演奏家、指挥家和作曲家梅纽在柏林一家医院治疗期间因心脏病突发不幸逝世。

3月15日夜间，以卢森堡前首相桑特为主席的本届欧盟委员会20名委员宣布集体辞职。这是自1958年1月《罗马条约》生效以来欧盟委员会首次集体辞职。

3月20日（格林威治时间），瑞士人皮尔卡（41岁）、英国人琼斯（51岁）经过近二十天的飞行，终于完成了首次乘热气球环球飞行的壮举，总计飞行42810公里。

3月19日，全国"三讲"（讲学习、讲政治、讲正气）教育工作会议在北京举行。

3月24日，以美国为首的北约在未经联合国安理会授权的情况下，开始对主权国家南斯拉夫联盟共和国进行军事打击。

4月20日，一起骇人听闻的枪杀案发生在美国丹佛附近的利托尔顿。两名高中生用半自动枪和手榴弹杀害了至少25名师生，然后自杀。这起血案震惊了全美，当地舆论称，这是"美国历史上最严重的校园凶杀案"。

4月23日，印度议会通过决议把锡金变成印度的一个"邦"。

5月8日（北京时间），以美国为首的北约悍然袭击中国驻南斯拉夫大使馆。子夜时分，至少3枚导弹从不同方位直接命中我使馆大楼。导弹从主楼五层楼顶一直穿入地下室，使馆内浓烟滚滚，主楼附近的大使官邸的房顶也被掀落。

5月15日，中华人民共和国澳门特别行政区第一任行政长官人选在此间选举产生，何厚铧成为澳门第一位由澳门人自己选举的澳门特区行政长官。

6月14日，南非新一届国民议会选举姆贝基为总统。

6月19日，英国王子爱德华王子，与出生在英国一个中产家庭的新娘索菲举行婚礼。

7月16日晚，1963年遭暗杀的美国总统约翰·肯尼迪的儿子小约翰·肯尼迪驾机失事。

7月23日，摩洛哥国王哈桑二世因心脏病发作医治无效去世。

8月9日，中国政府决定设立国家最高科学技术奖。500万元奖金中50万元属获奖者个人所得，450万元由获奖者自主选题，用于科学研究。

8月17日，土耳其西北部伊兹米特地区发生强烈的地震，造成该国至少200亿美元的直接经济损失。据土耳其总理府危机处理中心8月24

日下午发布的统计数字表明,在土耳其发生的里氏7.4级强烈地震已造成17997人死亡,42442人受伤。11月12日,土耳其西北部地区再次发生里氏7.2级的强烈地震,这两次共造成1.8万人丧生、4.5万人受伤,有60多万人无家可归。

9月6日,北京2008年奥运会申办委员会在京成立。

9月8日,加拿大总理克雷蒂安宣布,英国女王伊丽莎白二世任命香港出生的华裔女性伍冰枝(阿德里安娜·克拉森)为加拿大第二十六任总督,这一决定打破了大英帝国的传统,在加拿大历史性地出现了第一位华裔总督,同时也是加拿大历史上第二位女总督。

9月21日1时47分,中国台湾省花莲西南发生7.6级地震。

9月22日,中共十五届四中全会审议通过了《中共中央关于国有企业改革和发展若干重大问题的决定》。

10月1日,走过半个世纪光辉历程的新中国,迎来了她50周年的庆典。首都各界庆祝中华人民共和国成立50周年大会,在北京天安门广场隆重举行。50万各族军民以盛大的阅兵仪式和群众游行,欢庆伟大祖国的这一盛大节日。

10月12日,巴基斯坦发生政变,谢里夫总理被软禁。

10月30日,第九届全国人民代表大会常务委员会第十二次会议通过关于取缔邪教组织、防范和惩治邪教活动的决定。

11月12日,土耳其西北部博卢省发生里氏7.2级强烈地震。这次强烈地震的中心在离安卡拉约200公里的博卢省迪兹杰城地区。地震造成321人死亡,1850人受伤。

11月15日,中美两国政府在京签署了关于中国加入世界贸易组织的双边协议。

11月20日,中国第一艘载人航天试验飞船"神舟"号,在中国酒泉卫星发射中心新建成的航天发射场发射升空。

11月24日,中国山东烟大轮船轮渡有限公司"大舜"号混装船从烟台驶往大连途中在烟台附近海域倾覆,282人遇难,直接经济损失约9000万元。

12月1日,由英、美、日、中等国216位科学家组成的人体基因组计划联合研究小组正式宣布,他们已经完整地破译出人体第二十二对染色体的遗传密码。这是人类首次完成人体染色体基因完整序列的测定。科学家普遍认为,这是人类在科学领域的又一次突破。

12月3日凌晨,在世外桃源般的摩纳哥——被天下富翁们视为"最安全的地方",亿万富豪萨弗拉被"两名蒙面歹徒"纵火烧死。

12月14日,巴拿马收回运河主权。

12月20日零时,中葡两国政府在澳门文化中心举行政权交接仪式,中国政府对澳门恢复行使主权,澳门回归祖国。交接仪式后,举行了中华人民共和国澳门特别行政区成立暨特区政府宣誓就职仪式。

12月31日,"中华世纪坛"碑揭幕。

卯年记事

晚清最大的文字狱《苏报》案

《苏报》案是辛亥革命前的著名反清政治案件。

《苏报》原是以日侨出面开办的报纸，1896年6月26日创刊于上海。主办人胡璋，以其日籍妻子生驹悦的名义注册。报刊内容多载市井琐事。1900年，由陈范接办，倾向改良。1902年南洋公学发生退学风潮，《苏报》首先报道，旋设"学界风潮"专栏，及时报道学潮消息，引起社会各界的关注，"声价大起"，而想"更以适时言论张之"。

1903年（中国农历癸卯年），邹容、章太炎分别写出轰动全国的《革命军》和《驳康有为论革命书》。《苏报》连续发表《读〈革命军〉》《序〈革命军〉》《介绍〈革命军〉》等文章，大骂皇帝和清政府，高呼革命为神圣"宝物"，要求建立资产阶级"中华共和国"，推荐《革命军》为国民必读的第一教科书，同时报道各地学生的爱国运动。为此清政府照会上海租界当局，以"劝动天下造反"、"大逆不道"等罪名将章太炎等逮捕。

邹容（1885—1905）

章太炎（1869—1936）

邹容激于义愤，自动投案。7月7日，《苏报》被封。章、邹在会审公廨上继续宣传革命，坚持斗争，蔑视帝国主义和清朝统治者的迫害。

1904年5月，章、邹分别被判处监禁3年和2年。1905年，邹容被折磨致死。1906年，章太炎刑满释放。通过这一事件，《革命军》销行更广，革命风潮日盛。

莱特兄弟实现人类首次飞行

1903年（中国农历癸卯年）12月17日，世界上第一架载人动力飞机在美国北卡罗来纳州的基蒂霍克飞上了蓝天。这架飞机被叫做"飞行者1号"，它的发明者就是美国的威尔伯·莱特和奥维尔·莱特兄弟。莱特兄弟的第一次有动力的持续飞行，实现了人类渴望已久的梦想，人类的飞行时代从此拉开了帷幕。

威尔伯·莱特生于1867年4月16日，他的弟弟奥维尔·莱特生于1871年8月19日，他们从小就对机械装配和飞行怀有浓厚的兴趣，从事自行车修理和制造行业。莱特兄弟原以修理自行车为生，

莱特兄弟

兄弟俩聪明好学，从1896年开始，他们就一直热心于飞行研究。通过多次研究和实验，他们很快得出一个结论：要解决飞机操纵这个悬而未决的关键问题，必须装上某种能使空气动力学发挥作用的机械装置。他们按照这一想法，在基蒂霍克沙丘上空对载人滑翔机

进行了几度寒暑的试验之后，他们的梦想终于变成了现实。

飞行者1号

莱特兄弟1903年制造出的第一架载人飞行的飞机"飞行者1号"，能够依靠自身动力飞行。这架飞机的翼展为13.2米，升降舵在前，方向舵在后，两副两叶推进螺旋桨由链条传动，着陆装置为滑橇式，装有一台70千克重、功率为8.8千瓦的四缸发动机。这架航空史上著名的飞机，现在陈列在美国华盛顿航空航天博物馆内。

"飞行者1号"第一次试飞由奥维尔·莱特驾驶，共飞行了36米，留空时间12秒。第四次由威尔伯·莱特驾驶，共飞行了260米，留空时间59秒。1906年，他们的飞机在美国获得专利发明权。

莱特兄弟飞行的成功，最初并没有得到美国政府和公众的重视与承认，直到1907年还为人们所怀疑，反而是法国于1908年首先给他们的成就以正确的评价，从此掀起了席卷世界的航空热潮。他们也因此终于在1909年获得美国国会荣誉奖。同年，他们创办了"莱特飞机公司"。

袁世凯复辟帝制

袁世凯复辟帝制是1915年（中国农历乙卯年）12月12日发生，结束于1916年2月25日的一场闹剧。

袁世凯，字慰亭，别号容庵，河南项城人。戊戌政变前夕，因向荣禄出卖维新派，受到慈禧太后宠信。1907年调任军机大臣兼外务部尚书。1908年11月，光绪帝、慈禧太后相继死去，宣统帝继位，由摄政王载沣监国，借口袁有"足疾"将其赶回老家"养病"，从他手中夺回了大权。1911年武昌

袁世凯（1859—1916）

起义后，凭借北洋势力和帝国主义支持，出任内阁总理大臣，以武力威胁孙中山让位，挟制清帝退位，成为中华民国临时大总统，在北京建立北洋军阀政权。

1913年3月，袁派人在上海暗杀宋教仁，又向帝国主义乞求借款，发动反革命内战，用不到两个月的时间，镇压了国民党人发动的"二次革命"。1914年1月10日，正式下令解散国会。2月，袁世凯授意成立的"约法会议"，草草炮制出一个"字字皆袁氏手定"的所谓《中华民国约法》，于5月1日公布施行，以取代《临时约法》。

1915年5月，袁世凯接受日本企图灭亡中国的《二十一条》。12月12日发表接受帝位申令，13日在居仁堂接受百官朝贺，封黎元洪等128人爵位，成立"帝制大典筹备处"，

洪宪皇帝印玺

下令改1916年为洪宪元年，并在元旦登极。经过3年的精心策划，袁世凯终于抛掉"民国"的招牌，把封建皇帝的皇冠戴到了自己的头上。

袁世凯卖国称帝的罪行，激起了全国人民的公愤。12月25日云南首先宣布独立，接着贵州、广西也响应，组成"护国军"进行讨袁战争。北洋军阀内部也发生了分化，袁世凯手下的两员大将段祺瑞和冯国璋，对帝制都抱消极态度，冯国璋甚至暗中和护国军联络。在这种形势下，袁世凯不得不在1916年2月25日下令缓办帝制，撤销大典筹备处，3月22日又宣布取消帝制，废除"洪宪"年号，仍以"大总统"的名义发布命令。袁世凯从称帝到取消帝制，总共经历了83天。

可是，护国军仍不肯罢休，坚持要袁世凯下台，孙中山也继续发动武装反袁斗争。全国各地纷纷发表宣言、通电，要求惩办袁世凯。冯国璋接连发电报，催促袁世凯退位。袁世凯在南方的爪牙，为了保住自己的地位，也相继宣布独立。袁世凯在内外夹攻的情况下，感到焦头烂额，头晕目眩，从此一病不起。1916年6月6日，袁世凯在万人的唾骂声中狼狈地死去。

八一南昌起义

1927年（中国农历丁卯年）8月1日，中国共产党在江西省省城南昌领导武装起义，向国民党反动派打响了第一枪。

1927年4月12日和7月15日，蒋介石、汪精卫先后叛变革命，对中国共产党和革命人民进行血腥屠杀。为了挽救革命，周恩来、贺龙、叶挺、朱德、刘伯承等人领导南昌起义。参加起义的队伍是中国共产党掌握或影响下的国民革命军，包括贺龙指挥的第二十军，叶挺指挥的第二十四师、第二十五师，朱德指挥的军官教育团及南昌公安局警察各一部，共三万余人，于8月1日凌晨向驻守南昌的军队发起进攻，迅速控制了南昌。国民党调集军队向南昌开进，起义军于8月3日至6日撤离南昌，向广东转移。9月下旬到达潮州（今潮安）、汕头地区，遭到优势敌军围攻，进军失败。起义军保留下来的部队一部在朱德、陈毅率领下沿闽、粤、赣边境转战在湘南，1928年1月参加了湘南起义，4月到达井冈山，与毛泽东率领的部队会师，合编为工农革命军第四军；另一部退到海陆丰地区参加了当地人民的武装斗争。南昌起义是中国共产党独立领导武装斗争的开始。8月1日定为中国人民解放军建军节。

第二次世界大战爆发

1939年（中国农历己卯年）9月1日，德军向波兰发动进攻。9月3日，英、法对德宣战，第二次世界大战全面爆发。

1940年4月，德军侵占丹麦、挪威，又于5月在西线发动闪击攻势，侵占荷兰、比利时和卢森堡，进而攻入法国本土。意大利趁火打劫对法国宣战。6月法国投降，英军被迫撤出欧洲大陆。此后，德国对英国发动称为"不列颠之战"的大空战，企图迫使英国退出战争，但遭到英国人民的顽强抵抗。随后德国加紧侵略东南欧各国，侵占南斯拉夫和希腊。意大利乘机夺取英、法在地中海和北非的殖民地。1941年6月22日，德国撕毁《苏德互不侵犯条约》，突然进攻苏联，苏德战争爆发，大战进入新阶段。1941年底，苏军取得了莫斯科保卫战的胜利，粉碎了德国法西斯天下无敌的神话。同时日本在亚洲侵占印度支那，遭美、英等国禁运制裁后，于1941年12月7日偷袭美国太平洋舰队重要基地珍珠港。次日，美、英对日宣战，德、意对美宣战，太平洋战争爆发。仅在半年内，日军占领了马来亚、新加坡、菲律宾、

1941年日本偷袭珍珠港

1942年斯大林格勒战役

印度尼西亚、缅甸和太平洋上许多岛屿。但日军战线过长，逐渐丧失优势。1942年6月，美军取得中途岛战役的胜利，在太平洋上逐渐转入反攻。1942年夏，德军向苏联重镇斯大林格勒发动进攻，遭苏军顽强抵抗。11月苏军反攻，到次年2月歼灭被围德军三十余万。斯大林格勒战役成为第二次世界大战的转折点。

1943年夏，苏军又取得库尔斯克战役的胜利。在北非，英军于1942年秋取得阿莱曼战役的胜利，美、英军队于11月在北非登陆，次年5月把德意军队逐出北非，并在意大利登陆。1943年9月，意大利投降。

1944年6月，美、英军队于法国诺曼底登陆，开辟欧洲第二战场，使德国法西斯陷于

1944年诺曼底登陆战役

东西夹击中，加速了它的灭亡。1944年下半年开始，苏军追击德军，配合东南欧各国人民反法西斯的解放斗争。1945年初，苏军和美英军队分路攻入德国本土。5月2日，苏军攻克柏林。8日，德国无条件投降。此后美、集中力量在太平洋展开攻势。

从1942年底至1945年，美军先后在太平洋上取得瓜岛战役、马里亚纳战役、菲律宾战役的重大胜利，夺回大量被日本侵占的地区。8月6日和9日，美国在日本广岛和长崎各投掷一颗原子弹。8月8日，苏联对日宣战并出兵中国东北，中国人民则转入全国规模的大反攻。8月15日，日本宣布投降，9月2日签订投降书，第二次世界大战结束。

在长达6年的第二次世界大战中，先后有60多个国家和地区、20亿以上的人口卷入战争，参战军队达1.1亿多人，参战各国物资损失多达4万亿美元，6500多万人死亡。战争，给世界各国人民带来空前惨重的灾难。

美国总统约翰·肯尼迪遇刺身亡

1963年（中国农历癸卯年）11月22日，美国总统约翰·肯尼迪在美国南部的得克萨斯州达拉斯市遇刺身亡。据美国通讯社报道，肯尼迪是被行刺者用步枪击中头部死去的。这天中午，他乘飞机到达这个城市进行访问。接着，他乘汽车从机场去达拉斯市区，准备在那里发表一篇演说。肯尼迪夫妇 和得克萨斯州州长康纳利夫妇

总统约翰－肯尼迪的车队在经过得克萨斯州达拉斯的主要商业中心时遭到枪击

同乘一辆敞篷汽车，从欢迎的人群中间缓缓驶过。当车队驶经一座大楼的时候，从大楼五层楼上的一个窗户里射出三发子弹，其中一发击中了肯尼迪的太阳穴。半小时后，肯尼迪就在医院里死去。同车的州长康纳利也被击中两枪，受了重伤。在肯尼迪中弹以后，他的保卫人员和警察等立刻慌张地行动起来，寻

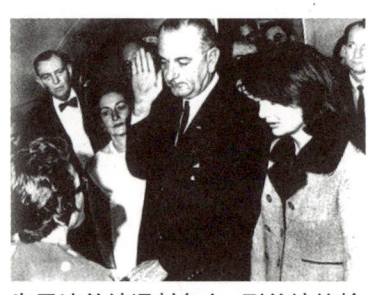

肯尼迪总统遇刺身亡,副总统约翰逊随即宣誓就任美国总统,他的左侧为肯尼迪遗孀杰奎琳

找行刺者。他们在那座大楼的一间房间(得克萨斯学校藏书室)里发现了一支步枪,上面装有瞄准器,旁边还有几发弹壳。

肯尼迪到达拉斯城发表演说,是为民主党和他自己连任总统争取支持。在肯尼迪死后不久,林登·约翰逊在空军一号上宣誓就任总统之职,站在他身旁的是身上还沾有血渍的惊得发呆的杰奎琳·肯尼迪。9分钟后,飞机起飞前往华盛顿的安德鲁斯机场。约翰逊在安德鲁斯机场发表了他任总统后的第一次电视演说,然后乘直升飞机去白宫。肯尼迪的随行人员跟着灵柩到了贝塞斯达医院,等着进行了大半夜的尸体解剖。

第二天清晨4点34分,覆盖着一面美国国旗的灵柩运进了白宫,停放在东厅的灵柩架上。肯尼迪夫人跪在它的旁边,她的脸深埋在星条旗上的星群中。芝加哥大学的研究指出,星斯六那天一般成年人守在电视机前有10个小时,达到了周末看电视时间的顶峰,但他们并未能了解到多少情况,遗体仍然停放在东厅,肯尼迪的家属、朋友和政府的高级官员都到那里去吊唁。星期日,灵柩放在马拉的炮车上走着宾夕法尼亚大道,前面走着一匹没有人乘的马,马镫里放着一双倒悬的皮靴,象征着一位死去的首领。同时,从达拉斯又传来了一个不能令人相信的新暴行的消息。李·哈维·奥斯瓦德在转移到另一个监狱去时,受到

被指控为刺杀肯尼迪的凶手李·哈维·奥斯瓦尔德又被一个名叫杰克·鲁比的夜总会老板枪杀

肯尼迪的葬礼在华盛顿特区举行,出席葬礼的外国国家元首人数是美国历史上最多的

一个名叫杰克·鲁比的达拉斯夜总会老板枪击,伤重致命,这一凶杀案是当着70个穿着制服的达拉斯警察的面干下的。由于当时全国广播公司正在转播递解罪犯时的实况,因此它也就成为电视节目中第一次谋杀场面的实况广播。总统的寡妻回到白宫时,有人把这一凶杀案告诉了她。她把它叫做"一件更可怕的事"。星期一,灵柩用炮车载到圣马太大教堂去举行葬仪弥撒,然后从那里运到阿灵顿国家公墓。由戴高乐为首的92个国家的代表团前来参加葬礼。这件事就算到此结束了。但是对于官方调查机构沃伦委员会的结论,大多数美国人持不信任的态度。人们也不相信奥斯沃尔顿的谋杀行动是个人的独立行动。

若干年后,人们仍竭力想探索其深远的意义,因为这在美国历史上或任何其他国家历史上,毕竟都是一件重大的事件。直到1992年前后,仍然不断有人质疑这一事件的调查结论。

麦加朝觐发生惨案

1987年,一年一度的麦加朝觐活动就要进入最后高潮的7月31日,在做完下午祈祷后,几千名伊朗朝觐者突然在沙特阿拉伯麦加城大清真寺外发起游行示威,他们高呼"打倒美国"、"打倒苏联"、"打

麦加大清真寺

倒以色列"的口号，同时焚烧美国总统里根的画像。沙特警察对此进行了干预，双方发生激烈冲突，造成402人丧生，649人受伤。死亡者中有275人是伊朗人，85人是沙特警察，还有42名其他国家的朝觐者，造成了历史上罕见的流血惨案。这一惨重事件震惊全球，在伊斯兰世界激起强烈反响，使海湾形势骤然紧张。

麦加是伊斯兰教创始人先知穆罕默德的诞生地。麦加大清真寺是伊斯兰教第一大清真寺，它坐落在沙特阿拉伯境内山峦环抱的谷底——麦加城中心，是全世界穆斯林礼拜朝向的克尔白天房所在地。穆罕默德于公元622年率众迁徙麦地那，建立了伊斯兰政权，并于公元628年宣布朝觐是伊斯兰教的天命。因此，每年举行的朝觐麦加的活动，既是遵照传统的一次重大宗教活动，又是各地穆斯林的大集会。但是，在20世纪80年代的朝觐活动中，不时发生冲突，而以1987年7月31日的这次流血事件规模最大，损失最为惨重。

美国飞机悍然袭击中国驻南使馆

1999年3月24日，以美国为首的北约在未经联合国安理会授权的情况下，开始对主权国家南斯拉夫联盟共和国（以下简称"南联盟"）进行军事打击。北约这一侵略行径，开了当代国际关系中极其恶劣的先例，对世界和平与发展构成了严重挑战。

北约在对南联盟长达78天的狂轰滥炸中，出动2.6万多架次的飞机，在南联盟10万多平方公里的土地上投下了2.1万多吨炸弹，击毁了包括学校、工厂、企业、桥梁、医院、电站、新闻机构等民用设施在内的许多目标。南联盟在这场战争中共有上千平民死亡，6000多人受伤。

5月8日，美国飞机悍然袭击中国驻南使馆，造成中国3名新闻工作者牺牲，20余名外交官受伤，馆舍严重毁坏。北约的野蛮行径激起中国人民和全世界爱好和平的人民的强烈愤慨和谴责。

当地时间7日晚，北约对南斯拉夫首都贝尔格莱德市区，进行了空袭以来最为猛烈的一次轰炸。晚9时始，贝尔格莱德市区全部停电。子夜时分，至少3枚导弹从不同方位直接命中我使馆大楼。导弹从主楼五层楼顶一直穿入地下室，使馆内浓烟滚滚，主楼附近的大使官邸的房顶也被掀落。

当时，我大使馆内约有30名使馆工作人员和我驻南记者。新华社女记者邵云环、光明日报记者许杏虎和夫人朱颖不幸遇难。据悉，这是外国驻南外交机构第一次被炸。

中国政府对澳门恢复行使主权

12月20日0时，中葡两国政府在澳门文化中心举行政权交接仪式，国家主席江泽民宣告：中国政府对澳门恢复行使主权，澳门回归祖国。这是继1997年7月1日香港回归祖国之后，中华民族在实现祖国统一大业中的又一盛事。

交接仪式后，举行了中华人民共和国澳门特别行政区成立暨特区政府宣誓就职仪式。何厚铧出任澳门特别行政区行政长官。

1986年5月20日，中国与葡萄牙政府正式发布新闻公报，宣布6月30日在北京展开澳门问题的谈判，解决澳门问题。经过四轮会谈后，双方联合发表新闻公报，宣布两国已就澳门问题达成协议。1987年4月13日，中国总理和葡萄牙总理分别代表中葡两国政府在北京正式签署《中葡关于澳门问题的联合声明》。1988年1月15日中葡两国政府互换批准书，《中葡关于澳门问题的联合声明》正式生效。

卯年出生的中外名人

卯年出生的中国名人

刘秀（前5—57）

汉光武帝，中国东汉王朝的建立者。25—57年在位。字文叔，南阳蔡阳（今湖北枣阳西南）人。汉高祖刘邦九世孙。

王莽时，曾在太学读书，略通《尚书》大义。后农民大起义爆发，他和兄刘縯乘机起兵，加入绿林起义军。更始元年（23）取得昆阳之战的巨大胜利。不久到河北活动，以恢复汉室为号召，取得部分官吏、豪强的支持，镇压和收编铜马等农民起义军，力量逐渐壮大。建武元年（25），在鄗（今河北柏乡北）称帝，重建汉政权。后镇压赤眉起义军，削平各地割据势力，不久统一全国，定都洛阳，史称东汉。

在位期间，多次发布释放奴婢和禁止残害奴婢的命令，减轻赋税，废止地方兵役制，兴建水利，裁并四百多个县，精简官吏，并在中央加重尚书职权，在地方废除掌握军权的都尉，因有利于招抚流亡，使生产有所恢复和发展。

马融（79—166）

字季长，右扶风茂陵（今陕西兴平东北）人。东汉经学家、文学家。曾任校书郎、议郎、南郡太守等职。

马融博通今古文经籍，世称"通儒"。遍注《周易》《三礼》《尚书》《论语》《孝经》，使古文经学达到成熟的境地。除注群经外，兼注《老子》《淮南子》。

马融生徒常有千余人，郑玄、卢植都出其门。常坐高堂，施绛纱帐，前授生徒，后列女乐，对魏晋清谈家的破弃礼教有一定影响。

马融的经学著作多已佚。清人马国翰《玉函山房辑佚书》、黄奭《汉学堂丛书》有部分辑录。另有赋、颂等21篇。

周瑜（175—210）

三国时期吴国名将。字公瑾，175年生于庐江舒县（今安徽访庐江西南）。

幼年与孙策相识，结为生死之交。后孙策脱离袁术自立后，周瑜主动投奔孙策，为建威中郎将。在孙策平定江东的战争中起到了谋士和武将的双重作用。

200年，孙策早逝，临死前对孙权说"外事不决问周瑜"。孙权继位后，周瑜与张昭共同辅佐，任前部大都督。建安十三年（208），曹操率军南下，目标直指江东，孙权战和未定。周瑜及时从鄱阳湖赶回，正确分析了曹操远来的种种弊端，使孙权决定与曹操一战。周瑜亲率吴军在赤壁用火攻之计大破曹操。赤壁之战后，周瑜攻打南郡时中毒箭，但还是拼死取下了南郡。随后周瑜割长江南岸给刘备，但刘备至京口见孙权，要求得到整个荆州，孙权同意，因此周瑜只得退往柴桑郡养伤。在生病期间周瑜提醒孙权要提防刘备。210年，周瑜领兵攻打西川，行至巴丘城时箭伤发作，英年早逝，年仅36岁。

曹丕（187—226）

魏文帝。三国时期著名的政治家、文学家，魏朝的开国皇帝。字子桓，沛国谯县（今安徽亳州）人。曹操次子。少有逸才，广泛阅读古今经传、诸子百家之书。年仅八岁即能为文。多技艺，善骑射，好击剑。建安十六年（211），为五官中郎将、副丞相。延康元年（220），魏武帝曹操去世，世子曹丕继位为魏王、丞相、冀州牧，他积极调节曹氏与士族之间的矛盾，果断采纳陈群的意见，确立九品中正制，成功缓和了曹氏与士族的关系，取得了他们的支持，为称帝奠定基础。同年10月，逼迫汉献帝禅位，登基为大魏皇帝。定国号为魏，改元黄初，改雒阳为"洛阳"，并定都于此。

曹丕坚持大权独揽，设立中书省，其官员改由士人充任，原由尚书郎担任的诏令文书起草之责转由中书省官员担任，机要之权渐移于中书省。下宫人为官者不得过诸署令，限制了宦官的权力；定令妇人不得预政，群臣不得奏事太后，后族之家不得当辅政之任。提倡节俭、薄葬，预作《终制》。他推行九品中正制后，用人权从地方收归了中央，但也导致魏国的统治实权逐步被士族垄断。曹丕的一些措施体现了他在政治上的才能，然而在军事才华上他远不能和父亲曹操相比，几次率百万大军南下伐吴均无功而返，但他在位期间开拓疆域，这是曹丕军事上的重要建树。220年至226年在位，庙号高祖（《资治通鉴》作世祖），谥为文皇帝（魏文帝），葬于首阳陵。

曹丕爱好文学，并有相当高的成就。其《燕歌行》是中国现存较早的文人七言诗，他的五言和乐府清绮动人，所著《典论·论文》在中国文学批评史上占有重要地位。曹丕由于文学方面的成就而与其父曹操、其弟曹植并称为"三曹"。

嵇康（223—262）

三国时期魏国文学家、思想家、音乐家。字叔夜，谯郡铚（今安徽濉溪西南）人。娶魏宗室女，官中散大夫，世称嵇中散。崇尚老庄，讲求养生服食之道。为"竹林七贤"之一，与阮籍齐名。因不满当时掌握政权的司马氏集团，声言"非汤武而薄周孔"，遭钟会构陷，为司马昭所杀。在哲学上，他认为"元气陶铄，众生禀焉"（《明胆论》），肯定万物都是禀受元气而产生的。提出"越名教而任自然"之说，主张回到自然，厌恶儒家各种人为的繁琐礼教。其文"思想新颖，往往与古时旧说反对"（鲁迅语），《与山巨源绝交书》《难自然好学论》等为其代表作。诗长于四言，风格清峻，《赠兄秀才从军》及《幽愤诗》较有名。

所撰《声无哀乐论》，认为同一音乐可以引起不同的感情，断言音乐本身无哀乐可言，意在否定当时统治者推行的礼乐教化思想。善鼓琴，以弹《广陵散》著名，并曾作《琴赋》，对琴的奏法和表现力，作了细致而生动的描写。他主张声音的本质是"和"，合于天地是音乐的最高境界，认为喜怒哀乐从本质上讲并不是音乐的感情而是人的情感。嵇康作有

《风入松》，相传《孤馆遇神》亦为嵇康所作。又作《长清》《短清》《长侧》《短侧》四曲，被称为"嵇氏四弄"，与蔡邕创作的"蔡氏五弄"合称"九弄"，是我国古代一组著名琴曲。隋炀帝曾把弹奏"九弄"作为科举取士的条件之一。

陶侃（259—334）

东晋庐江寻阳（今湖北黄梅西南）人，字士行（一作士衡）。早年孤贫，任郡县令，有志操，为上级所重。西晋永嘉五年（311），任武昌太守，率军讨杜弢，击败反晋武装后，为王敦所忌，调任广州刺史，无事即朝夕运甓以习劳。王敦败后，以征西大将军还镇荆州。东晋太宁三年（325），加征西大将军。应温峤等固请，奉为主帅，平定苏峻、祖约之乱，收复建康（今江苏南京）。后任荆江二州刺史，都督八州军事。

他精勤吏治，四十年如一日，不喜饮酒，常勉人惜分阴，为人所称道。陶侃著有文集二卷（《唐书经籍志》），行于世。

萧道成（427—482）

即齐高帝。南朝齐的建立者。479年至482年在位。字绍伯，小字斗将，东海兰陵（今山东苍山西南）人，迁居南兰陵（今江苏常州市西北）。本为宋禁军将领，乘宋皇族内战，掌握军政大权，杀后废帝，立顺帝，封齐公。顺帝昇明三年（479），代宋自立，改元建元，史称南齐。

李靖（571—649）

唐初军事家。本名药师，京兆三原（今陕西三原东北）人。精熟兵法，为其舅韩擒虎所称道。隋末任马邑郡丞。高祖时，任行军总管，率军从李孝恭征服萧铣，并取得岭南地区，任岭南道抚慰大使。又以副帅李孝恭，镇压辅公祏起义军。太宗时，历任兵部尚书、尚书右仆射等职，先后击败东突厥、吐谷浑，封卫国公。著有《李卫公兵法》，原书今佚，《通典》中保留了部分内容。

岑参（约715—770）

唐代著名诗人。原籍南阳（今河南南阳），后家族迁居江陵（今湖北荆州）。

唐开元二十四年（736），岑参20岁至长安，献书求仕不成，奔走京洛，漫游河朔。天宝三年（744），30岁的岑参终于登进士第。随后出任右内率府兵曹参军一职。

唐天宝八载（749），岑参受命为安西四镇节度使高仙芝的幕府掌书记。这是岑参初次出塞，他满怀报国壮志，想在戎马中开拓前程，但始终未如意。

唐天宝十载（751），郁郁不得志的岑参回到阔别两年的长安，结识了杜甫和高适等人。次年，岑参和杜甫等五人同登慈恩寺塔（今西安大雁塔），用同一题材各作诗一首。岑参由于常在边塞生活，他的诗最豪放大气。

唐天宝十三载（754），40岁的岑参怀报国立功取功名的心态第二次出塞，出任安西北庭节度使封常清的判官。其才能很受封常清的赏识，来往于安西（今新疆库车）、北庭（今新疆吉木萨尔）之间，故创作丰富。岑参的边塞诗大多作于此时，包括《白雪歌送武判官归京》。岑参成为唐代最为著名的边塞诗人。

唐天宝十四载（755），安史之乱爆发，岑参从西域东归勤王。至德二年（757），唐肃宗即位不久，岑参来到凤翔投唐肃宗。在杜甫和房琯等人的推荐下，岑参任朝中右补阙，由于直言敢谏，"频上封章，指述权佞"，岑参屡受排挤。唐军收复长安后，岑参跟随肃宗回到长安。乾元二年（759），岑参改任起居舍人，不满一月，贬为虢州长史，后又任太子中允、虞部及库部郎中。大历年间，51岁的岑参官任嘉州（今四川乐山旧）刺史，因此世人称其为"岑嘉州"，任期届满后罢官。

罢官后，转流于四川成都，作《招北客文》自悼。大历五年（770）正月，岑参客死成都旅舍。有《岑嘉州诗集》八卷。

苏辙（1039—1112）

北宋文学家。字子由，号颍滨遗老，眉州眉山（今属四川）人。苏辙八岁入眉山天庆观北极院读乡塾，三年后入寿昌院从州学教授刘微之读书，至及冠之年，已能"博通经史，属文日数千言"（《宋史·苏辙传》）。

曾考取嘉祐进士，官尚书右丞、门下侍郎。与父苏洵、兄苏轼合称"三苏"，都被列入"唐宋八大家"。苏氏兄弟的泰山诗文，颇多唱和之作，洋溢着不同的格调与才情，成为相映成趣的瑰丽篇章。苏辙政治态度与苏轼一致，文学上的成就不如其兄。有《栾城集》。

米芾（1051—公1107）

北宋书画家。自署姓名米或为芊，芾或为黻，字元章，号襄阳漫士、海岳外史等。吴人，祖籍太原，后徙湖北襄阳，晚居江苏镇江，建海岳庵。宣和时擢为书画学博士，曾官礼部员外郎，人称米南宫。因举止"颠狂"，人称米颠。能诗文，擅书画，精鉴别。行、草书得力于王献之，用笔俊迈豪放，与蔡襄、苏轼、黄庭坚合称"宋四家"。画山水不求工细，多用水墨点染，自谓"信笔作之"，"意似便已"；画史上有"米家山"、"米氏云山"和"米派"之称。亦作花卉，晚年并画人物，自称"取顾（恺之）高古，不入吴生（道子）一笔"。论画偏于崇古。存世法书有《苕溪诗》《向太后挽词》等，著有《书史》《画史》《宝章待访录》及《山林集》（已佚），有后人辑本《宝晋英光集》，存世《溪山雨霁》《云山》等图乃后人所作。

赵惇（1147—1200）

宋光宗赵惇为南宋第三位皇帝，在位5年，是宋朝所有皇帝中比较昏庸的一位。他受父宋孝宗禅位而登基做皇帝以后，已经43岁。宋光宗体弱多病，又没有安邦治国之才，而且听信奸臣谗言，罢免辛弃疾等主战派大臣，又任由当时著名的妒妇、心狠手辣的李皇后来执政。奸佞当道，朝政从宋孝宗时的清明转向腐败。宋光宗自己却不思朝政，沉湎于酒色之中。

宋光宗历来与孝宗不和，宋孝宗逊位后不仅长期不去探望，乃至孝宗病逝他也不服丧。因此，经过太皇太后允许，被大臣逼迫让位于太子赵扩，自己闲居临安寿康宫，自称"太上皇"。

庆元六年（1200）春，宋光宗郁闷而死，葬于永崇陵（今浙江绍兴东南）。

郭守敬（1231—1316）

元代的天文学家、数学家、水利专家和仪器制造专家。字若思，汉族，顺德邢台（今河北邢台）人。曾担任都水监、太史令兼提调通惠河漕运事、昭文馆大学士知太史院事等。修治许多河渠。

郭守敬和王恂、许衡等人，经过4年努力，共同编制出我国古代最先进、施行最久的历法，经忽必烈定名为《授时历》。为了编历，他创制和改进了简仪、高表、候极仪、浑天象、仰仪、立运仪、景符、窥几等十几件天文仪器仪表，还在全国各地设立27个观测站，进行了大规模的"四海测量"，重新观测的二十八宿以及一些恒星位置、测定的黄赤交角均达到较高精确度。

郭守敬编撰的天文历法著作有《推步》《立成》《历议拟稿》《仪象法式》《上中下三历注式》和《修历源流》等14种，共105卷。

1981年，为纪念郭守敬诞辰750周年，国际天文学会以他的名字为月球上的一座环形山命名。

朱见深（1447—1487）

明宪宗朱见深为明英宗长子，明朝第八代皇帝。初名朱见浚。土木之变，英宗被瓦剌掳去。景泰三年（1452）明代宗即位后，被废为沂王。天顺元年（1457）英宗复辟，又被立为皇太子，改名朱见深。宪宗于天顺八年

（1464）登基，初年为于谦平冤昭雪，恢复景帝帝号，又能体谅民情，励精图治。在位末年，好方术，终日沉溺于后宫与比他大19岁的宫女万贵妃享乐，并宠信宦官汪直、梁芳等人，以致奸佞当权，西厂横恣，朝纲败坏。成化二十三年（1487），万贵妃去世。八月，宪宗过于悲痛而驾崩，时年41岁。葬于北京昌平明茂陵。

朱厚熜（1507—1566）

明嘉靖皇帝，明宪宗庶孙，1522—1566年在位。

明世宗是一个颇具争议的皇帝，有人说他英明神武堪比朱元璋，也有人说他昏庸无能，痴迷于炼丹。但是，不能否认，明世宗在他最初登基的几年确实是有所作为的，即便是后期常年痴于修道，他也并没有完全不理会朝政。他打击旧朝臣和皇族、勋戚势力，总揽内外大政，皇权高度集中。他还重视内阁作用，注意裁抑宦官权力。但与此同时，他日渐腐朽，不仅滥用民力大事营建，而且迷信方士，尊尚道教。嘉靖二十一年（1542）更移居西苑(今北京北海、中南海)，一心修玄，日求长生，不问朝政，首辅严嵩专国20年，吞没军饷，吏治败坏，边事废弛，倭寇频繁侵扰东南沿海地区，造成极大破坏。在长城以北，蒙古鞑靼部首领俺答汗不断寇边。在嘉靖年间，南倭北虏始终是明王朝的莫大祸患。在用人上，世宗"忽智忽愚"、"忽功忽罪"，功臣、直臣多遭杀害、贬黜。户部主事海瑞上《治安疏》，世宗怒不可

遇，下瑞诏狱。

嘉靖四十五年(公元1566年)12月，朱厚熜卒于乾清宫，年60岁。庙号世宗。葬北京昌平永陵。

金农 （1687—1764）

金农，浙江仁和（今杭州）人，久居扬州。字寿门，又字司农、吉金，号冬心先生，又号稽留山民、曲江外史、昔耶居士等，是清朝画坛"扬州八怪"之一。他生活在康熙、雍正、乾隆三朝，因此他给自己封了个"三朝老民"的闲号。

金农是"扬州八怪"的核心人物。他在诗、书、画、印以及琴曲、鉴赏、收藏方面都称得上是大家。金农一生际遇坎坷，平生未做官，清乾隆元年（1736）曾被荐举博学鸿词科，入京未试而返。生平好游，晚寓扬州卖书画以自给。妻亡无子，遂不复归。

金农从小研习书文，文学造诣很高。丰厚的学养使他居于"扬州八怪"之首。但是金农天性散淡，他的书法作品较"扬州八怪"中的其他人来说，传世数量是非常少的。初不以工书为念，然书法造诣却在"扬州八怪"中成为最有成就的一位，特别是他的行书和隶书均有着高妙而独到的审美价值。金农的书法艺术以古朴浑厚见长。他首创的"漆书"，是一种特殊的用笔用墨方法。"金农墨"浓厚似漆，写出的字凸出于纸面。他五十岁才开始作画，画竹、梅、鞍马、佛像、人物、山水，格调拙厚纯朴，被视为当时画坛高品。工诗，有《冬心先生集》《冬心先生杂著》等。

爱新觉罗·弘历 （1711—1799）

清乾隆皇帝。即位前为和硕宝亲王，雍正皇帝登基后就将其秘密立为皇太子，立储诏书放于乾清宫正大光明匾额的后面，这也成

为以后清朝的定制。雍正皇帝驾崩后弘历继位，是为乾隆皇帝。乾隆皇帝天生聪慧，文治武功都有较大成就，这也使得他非常自负，晚年自称"十全老人"。统治期间到处巡游，特别是6次南巡，浪费无度。后期任用和珅20年，大长贪污之风，政治更加腐败，清王朝开始由盛而衰。

乾隆六十年禅位于皇十五子颙琰，自己成为太上皇。其在位60年，作为太上皇又训政3年，所以乾隆帝是中国历史在位时间第二长的皇帝，仅次于祖父康熙，而实际执政时间是最长的皇帝，达到63年。他又是中国历史上最长寿的皇帝，驾崩时年为88周岁。乾隆死后的庙号为"清高宗"，谥号"纯皇帝"，史称乾隆皇帝。

乾隆皇帝是中国历史上知名度较高的皇帝之一，是他把清朝的康乾盛世推向顶峰，也是他亲手将它拖向衰落。他是影响中国18世纪以后历史进程的重要皇帝。

赵之谦 （1829—1884）

清末书画家、篆刻家。初字益甫，号冷君，后改字㧑叔，号悲盦、无闷等，会稽（今浙江绍兴）人。咸丰己未举人。官江西鄱阳、奉新知县。能书，初法颜真卿，后专意魏碑，篆、隶书师邓石如，加以融化，自成一家，能以魏碑写行书，尤为特长。作花卉木石及杂画亦以书法出之，宽博淳厚，水墨交融，能合徐渭、石涛、李鱓，独具面目，为清末写意花卉之开

山。篆刻早年取法浙、皖二派，后突破秦汉玺印规范，广收古钱币、镜铭及碑版等篆字入印，治印讲究章法，古雅遒丽，别创新路。边款丰富之极，首以画像入侧，对后世影响很大。著有《二金蝶堂印谱》等。

梁同书（1723—1815）

字元颖，号山舟，晚自署不翁、新吾长，钱塘人。大学士梁诗正之子。梁同书生性重孝，以书法著名。乾隆十七年（1752）在殿试时特赐进士，任翰林院侍讲。同年梁启心去世，在服丧期间亦未赴官任，闲居家中。乾隆五十五年（1790）曾进京恭贺弘历（乾隆皇帝）八十大寿。嘉庆十二年（1807）再出任为官，加翰林院侍讲学士，赴任后不久又辞官归里，直至1815年去世，终年93岁。

石达开（1831—1863）

太平天国领袖之一。广西贵县客家人。地主出身。1851年1月金田起义时任左军主将，12月封翼王。太平军自广西北上时指挥先锋部队。太平国定都天京（南京）后又率大军西征。1855年1月至2月在湖口、九江大败湘军水师，攻克武昌。9月率军自湖北入江西，连克八府五十余州县。次年6月又与秦日纲等部攻破清军江南大营。9月闻韦昌辉杀杨秀清讯赶回天京。后全家被韦昌辉杀害，被迫缒城出走，至安庆起兵讨韦。11月洪秀全杀韦后，召回京辅政。因受洪秀全疑忌于1857年5月率十多万精锐部队出走，转战于安徽、江西、浙江、福建、湖南、广西、贵州、云南、四川等省。1863年5月在四川紫打地（今安顺场）大渡河附近为清军围困，面临绝境。6月13日自投清营，被解往成都杀害。

徐世昌（1855—1939）

清末、北洋政府官僚，北洋政府总统。字卜五，号菊人，又号弢斋（号水竹邨人），晚号水竹村人、石门山人、东海居士等。生于河南卫辉城内曹营街四号寓室，乳名卫生，两岁时随家迁往开封，后又随母迁回卫辉贡院街居住，7岁丧父，家道败落，成年后在沁阳、太康、淮宁等县署做文书和家馆教师。祖籍浙江鄞县，出生于河南卫辉，晚年长居天津。他曾是一位袁世凯的支持者，与北洋军阀关系密切。清季翰林，官至东三省总督，体仁阁大学士，并曾担任末代皇帝——溥仪的"帝师"。辛亥革命后，于1918年曾任大总统。徐世昌亦长于书画，工山水，颇清秀。书宗苏轼，略变其体。能诗，设晚晴簃诗社，罗致诗友，编印清诗汇。有归云楼题画诗集，成于1924年。

胡适（1891—1962）

中国现代学者。新文化运动的著名人物。字适之，安徽绩溪人。幼年在家乡读私塾。1904年进上海公学。1910年去美国，先后在康奈尔大学、哥伦比亚大学就读，为实用主义哲学家杜威的学生。1917年回国，任北京大学教授。曾参加陈独秀主编的《新青年》编辑部，提倡白话文和文学革命。1920年发表白话诗集《尝试集》，对新诗运动有重要影响。五四运动爆发后同接受马克思主义的知识分子展开"问题与主义"的辩论，提出"多研究些问题，少谈些主义"，以改良主义反对马克思主义。在学术研究上主张用实用主义方法整理和评价中国古代文化遗产，把这种方法概括为"大胆假设、小心求证"。1922年提出"好人政府"的主张。1925年参加段祺瑞召开的善后会议，与孙中山倡导的国民会议对抗。1931年九一八事变后创办《独立评论》，号召在中国推行"全盘西化"，并继续主张建立民主的政府，驳斥国民党一些人士提出的中国民众缺乏热情与政治经验，难于实行民主政治的说法。1938年出任驻美国大使。1946年任北京大学校长。1948年去美国。1958年任台湾"中央研究院"院长。1962年2月在台湾病死。著作有《中国哲学史大纲》（上卷）、《白话文学史》（上卷）、《胡适文存》等。

陶行知（1891—1946）

是中国历史上伟大的人民教育家。生于安徽歙县。原名文濬，后改知行，又改行知。1914年毕业于金陵大学，后留学美国哥伦比亚大学。1917年回国，任南京高等师范学校教授、教务主任，东南大学教育科主任。1920年任中华教育改进社总干事，推动平民教育运动。1926年起草发表《中华教育改进社改造全国乡村教育宣言》。次年创办晓庄学校。认为"教育与政治是不能分离的，二者能同时并进，同时革新，国民革命才有基础和成功的希望"。批判地改造杜威实用主义教育学说，提出"生活即教育""社会即学校""教学做合一"等口号，形成"生活教育"思想体系。1930年4月，国民党反动政府封闭晓庄学校。陶行知受到通缉，被迫临时避难日本。1931年春，陶氏返回上海，任《申报》总管理处顾问。1932年起，先后创办了"山海工学团""晨更公学团""劳工幼儿团"，首创"小先生制"，成立"中国普及教育助成会"，开展"即知即传"的普及教育运动。1934年主编《生活教育》半月刊。一二·九运动后，积极从事抗日民主运动，与沈钧儒、邹韬奋、章乃器联合发表《团结御侮》宣言。先后创办育才学校和社会大学。1945年，陶行知加入中国民主同盟，任中央常委兼教育委员会主任委员。1946年7月25日患脑溢血逝世，享年55岁。

张自忠（1891—1940）

抗日名将。字荩忱，山东临清县人。青年时代就读于天津法政学堂、济南法政专门学校。1914年弃学从军，曾在冯玉祥部下任师长。1933年初，率第三十八师在喜峰口与日军血战，名声大震。

先后任察哈尔省主席、天津市长。七七事变后，任第五十九军代理军长。1938年，率部队参加徐州会战。2月增援淮北，与日军激战7天，稳定了淮河防线。3月率第五十九军在临沂城郊与日军又鏖战7个昼夜，粉碎日军会师台儿庄的计划，受到国民政府传令嘉奖，升任第二十七军团长兼第五十九军军长。9月，参加武汉保卫战，取得"鄂北大捷"。后任第三十三集团军总司令。1940年5月，日军集结重兵由信阳、随县、钟祥三路进攻襄樊，张自忠率部队出击日军主力。全军士气高昂，与敌激战，连连告捷。随后又率总部手枪营与七十四师的两个团，从宜城东渡襄河（汉水），直插枣阳截击日军。日军调集重兵反扑。经过9个昼夜奋战，战士死伤众多，弹尽粮绝。日军包围杏儿山，张自忠亲自督战，肩部中弹，仍坚守阵地指挥。5月16日，日军冲上杏儿山，张自忠身中7颗子弹，鲜血满身，仍高呼"杀敌报仇"。牺牲时年仅49岁。

卯年出生的外国名人

乔托 (1267—1337)
Giotto di Bondone

14世纪意大利画家、建筑师,六百多年来一直被尊崇为意大利第一位艺术大师。艺术史家瓦萨里在《意大利著名画家、雕刻家和建筑家传记》里,把乔托称为意大利艺术的开拓者,认为他脱离中世纪而创造了"杰出的现代风格"。乔托生于佛罗伦萨附近的韦斯比格诺,父亲是农民。通常认为他是契马布埃的学生。契马布埃曾以写实的形象和想象力试图打破中世纪僵化的艺术程式,取得了一定成果,在他影响下,乔托不遗余力从事艺术革新。在乔托的艺术中,人是唯一主体,他们具有崇高的献身精神和热情。中世纪拜占庭艺术那种襟危正坐的木偶式人物形象在乔托真挚的富于感情的艺术表现的冲击下,彻底消失了。圣方济各上教堂的装饰壁画(1296—约1300)是乔托早期风格的作品,共28幅,描绘圣徒方济各生平事迹,乔托采用叙事性构图,将服装、背景细节减到最低限度,通过写实手段描绘出各种姿态,强调不同人物的内心感情。圣方济各这个13世纪初出现的宗教人物,在这里成为复兴古典观念的新的人文主义的艺术形象。确定乔托作品的创作年代,是艺术史上的难题。随着时代发展,人们以各种新发现和修复的材料来断定他不同时期的画风。圣方济各组画,也是廓清了纷杂的传说后才趋于一致的。此外,现藏梵蒂冈博物馆的斯蒂文纳斯切祭坛画、罗浮宫博物馆的《圣方济各》,和波伦亚、佛罗伦萨圣克罗斯教堂的祭坛画,都是公认的乔托典型作品。1305—1306年在帕多瓦阿累那教堂所作的壁画是乔托艺术的结晶。除西墙整幅《最后的审判》外,其余是沿墙分三层描绘的圣母和基督生平,以及圣灵降临的故事,底层则以单色画着象征善与恶的人物。这些壁画在细节上突破了阿西西壁画里的建筑环境,人物居主导地位,表情严肃、淳朴,姿态却显得更为崇高。乔托竭尽其作品的叙事威力,将知识的应用和创造全都从属于简洁的故事情节,这一点成为他艺术风格的特点。乔托在各地旅行,约1305年可能去过法国阿维尼翁,1311—1314年在佛罗伦萨,1329—1332年在那不勒斯,他的活动和艺术风格对人文主义艺术发展是有力的推动。1334年乔托被任命为佛罗伦萨市政建设监察官,同年6月,设计大教堂钟楼,还为这座独立钟楼设计部分浮雕,后由安德列·皮萨诺雕刻完成。他培养了许多学生,马萨乔和米开朗琪罗均受到他的影响。

丢勒 (11471—1528)
Albrecht Durer

文艺复兴时期德国最重要的油画家、版画家、装饰设计家和理论家。同达·芬奇一样,丢勒具有多方面的才能。他的人文主义思想使其艺术具有知识和理性的特征。他同宗教改革领袖马丁·路德周围的人也有密切关系。幼时在其父作坊接受艺术启蒙教育。1486年从画家、木刻插画家瓦格莫特(1434—1519)学习。三年后到外地旅行。1490年画了最早的知名作品《父亲肖像》,显示出作为一个成熟的艺术家所具有的独特风格。1490—1494年到尼德兰、瑞士等地旅行,创作了一批木刻、插画和小型宗教画。1494年5月返回纽伦堡,同年秋天去意大利旅行。这时期创作了一批以蒂罗文北部的阿尔卑斯山为题材的水彩画,用笔粗放,却不失细节的和谐,色彩阴暗偏冷,显示了画面的深度和气氛。1495—1505年第二次旅行期间,其素描、油画和版画都直接或间接地反映出意大利艺术的强烈影响。这时期的风俗画和带有寓意性题材的作品,或是来自意大利模式,或是在文艺复兴自由精神影响下的独立创造。同时也创作了一些在其绘画中很少见的神话题材作品。《德累斯顿祭坛》（约1498）的中间部分，反映出和曼坦那类似的风格。意大利古典主义和人文主义的影响在丢勒的版画中比在素描和油画中更为突出。1500年前后，丢勒的创作风格徘徊于哥特式与意大利文艺复兴艺术之间，后经过不懈的努力终于确定了自己的方向。1505—1507年丢勒第二次到意大利，大部分时间在威尼斯度过，对威尼斯画派奠基者贝利尼的艺术十分推崇。这个时期其肖像画所具有的甜润、柔和特征就是受贝利尼风格的启发。1507—1513年丢勒完成一系列《基督受难》的铜版画与木刻组画。1513—1514年制作最重要的铜版画《骑士、死神、魔鬼》《圣·哲鲁姆在书斋中》等。1512—1519年被马可西米里安一世聘任为御前画师，主要作品是版画。1520年偕妻到尼德兰旅行，1521年底回到纽伦堡，健康状况开始恶化。最后的岁月致力于理论与科学著作，同时完成杰作《四圣图》。其理论著作包括绘画技巧、人体比例和建筑工程等方面，并亲自为这些著作制作版画插图。1528年在纽伦堡逝世。

拉斐尔（1483—1520）
Raphaei

一位只活了37岁，却成为文艺复兴盛期杰出的大师之一，他就是意大利画家拉斐尔。他的画风代表了当时人们最崇尚的审美趣味。

这位绝顶聪明的年轻画家和建筑师于1483年4月6日出生在一个艺术世家，在接受了父亲的启蒙教育后，跟随佩鲁吉诺学绘画。他不仅继承了老师秀美、静雅的风格，而且还汲取了达·芬奇的庄严崇高、具有女性之美的风格和米开朗琪罗强劲的雕塑感，以及威尼斯画派光润透明的色彩感。他博采众长，融会贯通，形成了自己秀美、典雅、和谐、明朗的独特风格。他最著名的作品是1512—1513年间完成的壁画《西斯廷圣母》。这幅作品人物的处理、空间和色彩的安排都极为概括、鲜明。作品遵循着和谐、均衡的规律，画中略带忧郁的圣母怀抱圣婴是那样的端庄安详、朴素恬静，被誉为善和美的化身。另一幅《雅典学派》则以气势宏伟的构图、庄重鲜明的色彩、秀美典雅的人物形象令人叹为观止。这幅画荟萃古希腊、罗马和当时意大利的五十多位哲学家、科学家、艺术家和社会名流于一堂，表现了艺术家对希腊精神的崇拜，对人类智慧的赞美，是古今壁画艺术中的登峰造极之作。

拉斐尔短短的一生创作了三百多幅作品。他的艺术被后人尊为古典主义艺术的典范，不仅影响了以后的巴洛克艺术风格，而且对17世纪法国古典学派甚至对法国大革命后的新古典主义美术都产生了深远的影响。

马丁·路德（1483—1546）
Martin Luther

简称路德。16世纪欧洲宗教改革运动的发起者、基督教新教的创始人。在基督教历史和西方文化史上都是重要人物。生于德意志艾斯莱本。维滕贝格大学神学教授。1517年发表抨击教皇出售赎罪券的《九十五条论纲》，揭开宗教改革的序幕。不久又多次发表论说，否定教皇权威，强调因信称义，认为人要得到上帝的拯救，不在于遵行教会规条，而在于个人对上帝的笃信。提倡在宗教仪式中用民族语言代替拉丁语，并将《圣经》译成德文。反对以暴力改革教会，反对农民起义。主要著作还有《致德意志民族的基督教贵族书》《维滕贝格改革》《席地漫谈》等。

玻意耳（1627—1691）
Robert Boyle

17世纪前没有真正的化学，欧洲的炼金术士们虽然积累了一些化学技术知识，但错误地认为只要改变气、水、土、火四种元素的比例就能炼出金。玻意耳用自己在实验和理论方面的工作批驳了术士们的错误，奠定了近代化学发展的基础。

玻意耳是英国化学家、物理学家。他早年游学欧洲，1644年回国，1654年起系统地研究化学、医学和物理学。玻意耳十分重视实验研究，他认为只有实验和观察才是形成科学思维的基础。有一次，盐酸酸雾偶然落到了紫罗兰上，他把花放进水里，过了一会儿奇迹出现了：紫罗兰变成了红色。这一偶然事件启发了玻意耳的科学思维，他发现除盐酸外其他酸也能使紫罗兰变红，由此想到植物的花、叶及根的浸液可用作酸碱指示剂，并发明了石蕊试纸和墨水。玻意耳也是第一位给酸和碱下定义的化学家。他指出：能将蓝色果汁变成紫红色的物质都是酸，颜色变化与此相反者都是碱。玻意耳将定性检验归纳起来，最先提出化学分析的名称，把当时的分析检验提高到一个新水平。

在化学理论方面，他明确提出不应把化学作为炼金术或医药学的附庸，而应把化学作为一门独立的学科来研究。玻意耳在1661年发表的《怀疑的化学家》是一部划时代的不朽著作。他以微粒说为基础，提出了与古代有质的区别的元素概念，认为元素是用一般化学方法不能再分的实物，从而明确了元素与化合物的区别，为化学的发展开辟了科学之路。

在物理学方面，他对光的颜色、真空和空气的弹性等进行研究，总结出了玻意耳定律。

1691年12月30日玻意耳在伦敦去世。他是17世纪最有成就的化学家。恩格斯对他的评价是："玻意耳把化学确立为科学。"

拉辛（1639—1699）
Jean Baptiste Racine

法国伟大的诗人之一，是唯一理解真正的悲剧色彩的剧作家。他使17世纪法国古典主义戏剧臻于完美之境。生于巴黎东北米隆堡一个执法官员家庭。1岁丧母，3岁丧父，赤贫。9岁时由祖母收养，并被送入皇港隐修院。在那里，他接受了天主教詹森派中杰出学者的教育，攻读拉丁文、希腊文等。皇港隐修院被王室查封后，拉辛赴巴黎攻读法律。1661年，又被送往南方舅父身边学神学，但他不愿担任神职，两年后返回巴黎，从事创作，并与天主教詹森派论战，因该派认为小说家及剧作家是公众心灵的毒害者。旋即与莫里哀合作，由后者上演他的第一部悲剧《戴巴依特》（1664）或称《兄弟仇隙》，次年又上演《亚历山大大帝》，但拉辛对莫里哀的演出风格表示不满，便将剧本交给另一剧团上演。1667年首次演出《安德洛玛克》，轰动一时。该剧表现了拉辛喜爱的主题之一：悲剧性的疯狂及狂热的爱情。接着，拉辛又写了唯一一部喜剧《讼棍》（1668）及两部悲剧《勃里塔尼库斯》（1669）及《贝蕾妮丝》（1670）。《贝蕾妮丝》与高乃依取材于同一历史事件的剧本几乎同时上演，而拉辛以其"简单的剧情"比高乃依更胜一筹，两位剧作家从此绝交。拉辛探索新题材，写出取材于土耳其故事的《巴雅泽》（1672）及描写亚洲暴君及希腊女英雄的《米特里达特》（1673）。1674年，在凡尔赛宫的宫廷盛会上首次演出《伊菲热妮》，大获成功，35岁的拉辛的文学声誉此时登峰造极，被选为法兰西学院院士，并取得贵族爵位。1676年出版了他已有的全部剧作。1677年写成《菲德拉》，这是他在巴黎舞台上演出的最后一部最深刻、最富有诗意的悲剧。在该剧首演前，拉辛退出剧坛，结婚成家，后与好友文艺评论家布瓦洛同时被任命为史官，并曾跟随路易十四出征。与此同时，他对自己的作品进行修改，并与詹森派言归于好，给该教派以赞助。1690年被封为国王侍臣，任国王私人秘书。1699年，患肝瘤去世，按其遗愿，安葬于皇港隐修院墓地。

夏尔丹（1699—1779）
Jean Baptiste Simeon Chardin

法国画家。出生于巴黎，亦卒于同地。夏尔丹早年在学院派画家卡泽的画室中学习，后给画家科伊佩尔当过短期助手。1728年其静物画《鳐鱼》展出，并获得成功，画家也因此被接纳为皇家学院院士。夏尔丹的早期静物画受荷兰小画派的影响，重视浮于表面的装饰趣味与富丽堂皇的效果，18世纪30年代以后逐渐确立了自己的风格。他的静物画多以普通市民家用的器皿为表现对象，构图严谨、色彩质朴淳厚的画面挖掘了日常生活里深蕴的美感，其点石成金的艺术手法使其他画家不屑一顾的物品焕发出异样的魅力。风俗画也是夏尔丹的创作方向。他一生几乎没有离开过巴黎，他所描绘的场景也多是他熟悉的中产阶级家居生活。他的作品中出现了女仆、厨娘、洗衣妇等人，人物也都出现在相应的环境里，真实地再现了第三等级人民的家庭生活和他们的道德面貌。夏尔丹的风俗画比荷兰小画派的风俗画更有深度，也与以布歇为代表的宫廷绘画形成鲜明的对比。正是因为如此，他的绘画才博得启蒙运动思想家狄德罗的高度赞扬。

罗蒙诺索夫（1711—1765）
Lomonosov, Mikhail Vasilyevich

俄国文学和科学界巨擘。他为俄国诗歌开创了新的表现格式，对自然科学也有重大贡献。曾受命改组了彼得堡皇家科学院并在莫斯科创建了大学。

生于德维纳河的小岛上，10岁时开始做渔民。由于当地知识匮乏，已不能满足其日益增长的求知欲，他只身步行到莫斯科寻求出路。他立志艰苦自学，到莫斯科后开始艰苦奋斗。他隐瞒微贱出身进入学校。他的才智使他能在5年内完成8年的学业。在此期间，他学了希腊语并改读了古典哲学。1739年他在弗赖堡学采矿、冶金和玻璃制造。1743年5月，因对当局不满遭到逮捕。由于送给伊丽莎白女皇的两首颂歌及他在学院中的声望，使他1744年1月获释。1745年他被俄国科学院任命为教授。到1748年，在他获得实验室后的三年中，他进行了四千多次实验，结果建成了一座有色玻璃厂并生产出镶嵌贴面。1752年写出物理化学讲义。1756年在所发表的《光和色的起源》一文中对自然现象的同一性和物质构造理论作了讨论。1760年提出"固体和流体的反射"这一自然界的普遍规律（即物质及能量守恒定律）。从1755年起他更为关心莫斯科大学的发展。他对发展科学、商业和采矿业做出了重要贡献。罗蒙诺索夫在国内外都获得了声誉，他是瑞典皇家科学院院士，但生活极其简朴。他晚年受到迫害，死于圣彼得堡。

亚当·斯密（1723—1790）
Adam Smith

英国著名经济学家，国外通称斯密。所著《国民财富的性质和原因的研究》（简称《国富论》）是第一部伟大的完整的政治经济学著

作。出生于苏格兰，父亲是海关审计员。1737年14岁时进入格拉斯哥大学，1740年毕业后又到牛津大学学习。1746年回到爱丁堡，后经人介绍在当地公开讲学，内容很广，从修辞学到历史和经济学。1751年任格拉斯哥大学教授。1759年出版《道德情操论》，奠定了《国富论》的心理学基础。他认为人是受感情驱使的动物，同时又有思维能力和同情心进行自我节制。这种双重性既使人们互相斗争，又使人们能够创造社会制度来缓和两败俱伤的斗争，甚至把斗争变成共同利益。1767—1776年专门从事著作，终于写完《国富论》。此书实际上是《道德情操论》的续篇。它把人类历史的发展分为四个阶段：原始狩猎阶段、游牧农业阶段、封建采邑农业阶段和商业上互相依赖阶段。他的历史进化观和马克思虽有相似之处，也有很大的不同。1977年，即《国富论》出版后次年，亚当·斯密被任命为苏格兰海关与盐税专员，此后一度任格拉斯哥大学校长。晚年生活富裕宁静，1790年逝世，终年67岁，未婚。近两个世纪以来，他一直是经济思想史上卓越的思想家。

雷诺兹 （1723—1792）
Joshua Reynolds

英国画家。生于德文郡的普林普顿，卒于伦敦。早年在文法学校学习时就对绘画感兴趣，12岁时画了第一幅肖像画《托马斯·斯马特牧师像》。1740年，在当时伦敦著名的肖像画家赫德森门下当学徒，3年后作为一个肖像画家回到普林普顿。1744年底到伦敦，进入由贺加斯创立和领导的圣马丁莱恩学院学习。1746年，他画了第一幅重要作品《约翰·

汉密尔顿上尉像》。1750年初到达向往已久的罗马，住了两年，学习拉斐尔、科雷乔、提香和米开朗琪罗等人的绘画风格，并到意大利各地访问，广泛学习意大利的古典艺术。1753年定居伦敦，在很短的时间内，他不仅成为伦敦知名的、收入最多的肖像画家，而且成为艺术界和知识界的权威人士。他是英国皇家美术学院的创建人之一，从1768年建院到他去世，一直担任院长。直到逝世前，雷诺兹在皇家美术学院的权威都是至高无上的。他的15次演讲被认为是宏伟风格的理论基础，也是反浪漫主义的理性思想的代表。他的许多观点是英国18世纪美学原理的最典型的体现。他在晚年还受到鲁本斯的影响，画面形象真实生动、富贵堂皇，注重心理刻画。主人公没有重要的姿势和寓意性的特征，而是很自然地呈现在画面上。画家强调的是人物的高贵尊严和镇静沉着，以及忠实地再现他们的性格特点。

席勒 （1759—1805）
Joham Christoph Friedrich Von Schiller

德国伟大的戏剧家、诗人和文学理论家。生于内卡尔河畔的马尔巴赫。他13岁时，父亲奉专制的符腾堡公爵之命，勉强把席勒送入军事学校学习。公爵决定让他学法律，后来才同意他学医。席勒在军事学校忍受可憎的约束达 8 年之久，完全与家庭和外界隔绝。毕业后在斯图加特任某团的助理军医，地位低下、薪俸微薄。在这小国暴君统治下度过的青年时代，使席勒看到运用和滥用权力的问题。这个主题贯穿他的大部分剧作。他的愤怒特别表现在他的第一个剧本《强盗》里。该剧 1782 年初次公演，轰动一时，成为德国戏剧史上的一个里程碑。席勒未经公爵的批准，私自前去参加首演，被公爵判处 14 天禁闭，禁止再写剧本。席勒连夜出逃，过着逃亡者衣食无着的困苦日子，直到他寄寓在同学的母亲沃尔措根夫人的家里。于是，席勒创作《阴谋与爱情》（1784），并动手写《唐·卡洛斯》。《阴谋与爱情》的演出获得了巨大成功。1787 年诗剧《唐·卡洛斯》出版，是标志席勒发展过程中的转折点。他的《欢乐颂》，被贝多芬作为《第九交响乐》的合唱曲。

1790 年席勒和夏洛特结婚，婚后第二年席勒的健康状况彻底崩溃。由于长期操劳过度，他的胸部和消化系统的疾病并发，难以治疗。1805 年，席勒逝于魏玛。

司各特（1771—1832）
Walter Scott

英国 19 世纪著名的历史小说家、诗人、作家。1771 年 8 月 15 日生于爱丁堡一古老家族，1832 年 9 月 21 日卒于阿伯茨福德。曾在爱丁堡大学攻读法律，1792 年成为律师，后任塞尔扣克郡副郡长和爱丁堡高等民事法庭庭长。他终生辛勤笔耕，创作了大量诗歌、小说、历史、评论等。司各特的历史小说气势磅礴、宏伟壮丽，出色地反映了英格兰、苏格兰和欧洲历史重大转折时刻的矛盾冲突。在他的笔下，历史事件毫不枯燥，总是和故事人物悲欢离合的曲折遭遇有机地结合在一起。他的长诗受哥特派前浪漫主义影响，大都以历史或民间传说为题材，表现古代苏格兰和英格兰君王和贵族们的骑士冒险事迹。作品富于浪漫主义情调，表达了对苏格兰风光的热爱和对古代骑士理想的向往。晚年因经营出版业不善而破产，为还债日夜写作，终因积劳成疾而去世。

司汤达（1783—1842）
Stendhal

一译斯丹达尔。原名马利－亨利·贝。19 世纪法国杰出的现实主义文学的主要代表。受 18 世纪启蒙运动影响，向往法国大革命。曾在拿破仑军队服役。波旁王朝复辟后，侨居意大利，后被迫回国。

他的一生并不长，不到六十年，而且他在文学上起步很晚，三十几岁才开始发表作品。然而，他却给人类留下了巨大的精神遗产，包括数部长篇，数十个短篇或故事，数百万字的文论、随笔和散文、游记。他以准确的人物心理分析和凝练的笔法而闻名。他被认为是重要的、较早的现实主义实践者之一。

1832 年到 1842 年，是司汤达最困难的时期，经济拮据，疾病缠身，环境恶劣，但也是他最重要的创作时期。他创作了长篇小说《吕西安·娄凡》（又名《红与黑》）、《巴马修道院》，长篇自传《亨利·勃吕拉传》，还写了十数篇短篇小说。在 1842 年 3 月 23 日司汤达逝世时，他手头还有好几部未完成的手稿。在司汤达的墓志铭上写着这样一句话：活过、爱过、写过。

加里波第（1807—1882）
Giuseppe Garibaldi

意大利族统一运动的著名领袖，杰出的游击战专家。出生于渔民家庭。1834年在皮蒙特参加起义。1836—1848年流亡南美，曾参加巴西和乌拉圭等国的革命运动。1848年返回意大利，参加意奥战争，维护意大利民族独立。1848年底，率志愿军进入罗马。翌年2月被选为罗马议会代表，主张成立罗马共和国。4月法军为恢复教皇统治进攻罗马，他组织罗马保卫战。继而率几千人撤离罗马，摆脱法军和奥军的阻击，穿越意大利中部，跨过亚平宁山脉，抵达海岸。他沿途传播意大利统一的思想，成为家喻户晓的英雄。1858年被授予皮埃蒙特王国军队少将军衔。1860年5月他率领1000名志愿人员抵达西西里，当地民众箪食壶浆相迎，共同奋斗，占领西西里，接着进入那不勒斯城并控制了整个意大利南部。他所采取的战术是连续进攻，不给敌人以喘息的机会。1861年意大利王国终于宣告成立。由于英名远扬海外，美国内战爆发时，林肯总统曾邀其赴美统帅一部分北军，未被接受。他参加的最后一次战争是帮助法兰西共和国进行1870—1871年的普法战争。他一生中最重要的贡献是为意大利的复兴和统一而进行宣传和战斗。没有他的努力，意大利的统一是难以实现的。

库尔贝（1819—1877）
Gustave Courbet

法国画家，写实主义的代表。生于奥尔南的一个农场主家庭，卒于瑞士的拉图尔德佩。早年学过法律，后来改学美术。1839年他到巴黎，除向几个画家学画外，把主要精力用于

观察社会生活。19世纪40年代绘制的《奥尔南午饭后的休息》在沙龙会上展出时，引起注意，获得二等奖，并为国家收购。库尔贝艺术创作的旺盛时期是从1848年革命开始的。当时，法国社会上进步思潮活跃，库尔贝的艺术在这样的土壤中孕育起来。他创作了著名的《碎石工》，用巨大的画幅满怀同情地表现了两个贫苦的打石工人。由于库尔贝的作品在题材上跟沙龙艺术极为不同，受到保守舆论的猛烈攻击。他坚持艺术要表现当代社会生活，对艺术中陈腐的题材和清规戒律进行了挑战。与此同时，库尔贝的声誉在国外与日俱增。1869年其作品在慕尼黑举办的万国博览会上受到极大的欢迎。1871年巴黎公社期间，库尔贝当选为公社委员和艺术家协会主席。公社失败后，因被诬陷跟捣毁拿破仑纪功柱有牵连而被捕判刑，最后亡命瑞士，客死异邦。

惠特曼（1819—1892）
Walt Whitman

美国诗人。生于长岛一木匠家庭。只受过5年初级教育，后学习印刷术。1835—1854年做过排字工人，编过报纸，当过教师，办过印刷营业所、文具店，经营过房地产。与此同时，他悉心观察纽约长岛地区的生活，看戏听音乐，并博览群书。

特曼用日常生活的语言，从新的角度描

242

写人的肉体、灵魂和宇宙之间的关系，把诗歌从当时的习俗中解放出来。他的诗歌超越传统的史诗，避免一般的美学形式，通过描写美国社会，使诗人及读者了解自身以及美国生活的本质。19世纪末，惠特曼的诗歌深受英国读者的欢迎，特别是诗人对普通人的深厚感情，受到各个时代重视，因为他令人信服地证明"美国最重要的发展"在于精神方面的勇敢和顽强。他以文学形式毫不掩饰地表现了"自己的个性"。他的作品也具有一定的普遍性。因此，惠特曼被认为是美国伟大的诗人之一。

科赫 （1843—1910）
Robert Koch

德国细菌学家。1866年格丁根大学毕业。1870—1871年在沃尔斯顿当外科医生，建立了一个简陋的实验室。先是研究水藻，以后研究病原微生物。他在汉勒、达万等人研究的基础上工作，用适合的培养基培养出炭疽菌并置于载玻片上在显微镜下观察，证实炭疽菌发展成细丝，并在其体内形成卵圆形透明休眠的孢子，干燥孢子在外界可保持多年活力，在适当条件下可再发育成杆状菌而致病。1876年在布雷斯劳他宣布并图示了炭疽菌的生活周期，首次证明了某种微生物与相应疾病的确切因果关系。1880年在柏林卫生署任职，建立了一个细菌研究室，发明了用固体培养基培养纯菌种的新方法以及通过改进染色法发现了结核杆菌，并认为该菌是引起各型结核病的原因。此后他去埃及印度，发现了该地流行的霍乱流行病的病原和传播途径以及阿米巴痢疾和两种结膜炎的病原体。1890年发现了结核菌素。1905年因结核病研究工作获诺贝尔奖金。

爱因斯坦 （1879—1955）
Albert Einstein

1879年3月14日生于德国一个犹太人家庭，父亲是电器作坊的小业主。少年时，他并无"神童"的表现，甚至在教师眼里显得平庸迟钝。不过，生性孤独、善于沉思的爱因斯坦从小热爱科学。在爱因斯坦上学后几年，一天，他拿到一本欧几里得几何读本，这本书使他产生了强烈的好奇心，驱使他一口气把书读完。就这样，他靠着强烈的求知欲和勇于创新的精神，逐渐地步入科学殿堂。爱因斯坦厌恶德国学校的军国主义教育，1894年只身离开德国，放弃德国国籍，脱离犹太教，于1895年去苏黎世投考瑞士联邦高等工业学校，未录取，只得转学到阿劳中学补习功课，第二年才进联邦高等工业学校，在师范系习物理。1902年6月他在伯尔尼找到瑞联邦专利局技术员的工作。

1905年3月到9月的6个月内，爱因斯坦在三个不同领域中都取得了重大突破。这就是光量子论、分子运动论和狭义相对论。当时他不过26岁，所有研究只能利用业余时间来进行，而且没有名师指导，半年内分别在三个领域中取得历史性成就，这在科学史上是没有先例的。此后他经过8年的艰苦努力，又创立了广义相对论。

由于狭义相对论震动了物理学界，他从1909年起，先后被苏黎世大学、布托格大学和母校聘为教授。1914年他到柏林担任威廉皇帝物理研究所所长兼柏林大学教授。这是欧洲大陆上一个极为崇高的学术职务。1921年爱因斯坦获得诺贝尔物理学奖。1933年因德国纳粹迫害，他被迫迁居美国，任普林斯顿高级研究所教授。1955年4月18日，爱因斯坦病逝于普林斯顿。

总策划
吴本华

编　辑
吴本华
刘普生
刘士忠
霍静宇
卢援朝
尹　然
日　高
王铁英
夏　岚
李红星

图文制作
李红星
吴建荣

资料提供
邓文凯
孙世巍
孙　杰

明十三陵位于北京以北50公里的昌平区境内，这里松柏苍翠，风光秀美。明十三陵是每帝的陵墓群，规模宏大，体系完备，共葬有十三位皇帝，故称为十三陵。作为中国古代帝陵的杰出代表，展示了中国传统文化的丰富内涵，具有极高的历史价值。

明十三陵的陵寝建筑，大多完整地保存至今，神道至陵寝。

石牌坊

明十三陵一字排列在天寿山下，石牌坊位于十三陵最南端，用汉白玉雕刻而成，是我国现存最大、最美的石雕艺术品，是我国著名的一座。